D1721047

DE LA CRÉATIVITÉ
À L'INTRAPRENEURIAT

PRESSES DE L'UNIVERSITÉ DU QUÉBEC
Le Delta I, 2875, boulevard Laurier, bureau 450
Québec (Québec) G1V 2M2
Téléphone: 418-657-4399 • Télécopieur: 418-657-2096
Courriel: puq@puq.ca • Internet: www.puq.ca

Diffusion / Distribution:

CANADA et autres pays
PROLOGUE INC.
1650, boulevard Lionel-Bertrand
Boisbriand (Québec) J7H 1N7
Téléphone: 450-434-0306 / 1 800 363-2864

SUISSE
SERVIDIS SA
Chemin des Chalets
1279 Chavannes-de-Bogis
Suisse

FRANCE
AFPU-DIFFUSION
SODIS

BELGIQUE
PATRIMOINE SPRL
168, rue du Noyer
1030 Bruxelles
Belgique

AFRIQUE
ACTION PÉDAGOGIQUE
POUR L'ÉDUCATION ET LA FORMATION
Angle des rues Jilali Taj Eddine
et El Ghadfa
Maârif 20100 Casablanca
Maroc

DE LA CRÉATIVITÉ
À L'INTRAPRENEURIAT

Camille Carrier

2010

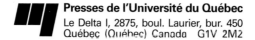

Presses de l'Université du Québec
Le Delta I, 2875, boul. Laurier, bur. 450
Québec (Québec) Canada   G1V 2M2

Données de catalogage avant publication (Canada)

Carrier, Camille

De la créativité à l'intrapreneurship

(Entrepreneuriat et PME)
Comprend des réf. bibliogr.

ISBN 2-7605-0946-X

1. Entrepreneurs (Économie politique). 2. Créativité dans les affaires.
3. Entreprises – Croissance. 4. Changement organisationnel. I. Titre. II. Collection.

HB615.C35 1997   658.4'21   C97-940148-8

Nous reconnaissons l'aide financière du gouvernement du Canada
par l'entremise du Programme d'aide au développement
de l'industrie de l'édition (PADIE) pour nos activités d'édition.

Révision linguistique : DIANE LAMONDE
Mise en pages : INFO 1000 MOTS INC.
Conception graphique de la couverture : CARON & GOSSELIN COMMUNICATION GRAPHIQUE

Avant-propos

Ce second ouvrage de la collection **ENTREPRENEURIAT ET PME**
porte sur un sujet d'importance majeure touchant tant les petites que
les grandes entreprises. Il démontre que la dynamique entrepreneuriale
ne se limite pas aux seules petites firmes mais passe aussi par les
grandes qui doivent emprunter certains éléments de la flexibilité des
PME favorisant notamment l'innovation. C'est ce que rappelait d'ailleurs
il y a deux ans un numéro spécial de la revue américaine *Business
Weeks*, incitant les grandes entreprises à retrouver leur dynamisme
justement en adoptant les méthodes de fonctionnement des PME. Cet
ouvrage souligne combien l'innovation est primordiale pour soutenir
cette dynamique, et précise qu'elle passe non seulement par des techniques de créativité mais aussi par une organisation « innovatrice », soit
une organisation capable de soutenir de nouvelles idées visant tant de
nouveaux produits, que de nouvelles formes d'organisation et de production afin de procurer des avantages concurrentiels dans ce qu'on
appelle la « nouvelle économie ». On sait que cette dernière constitue
la voie obligée pour un nombre grandissant d'entreprises de nos
économies industrialisées pour faire face à la mondialisation ou pour
répondre aux besoins de l'hypersegmentation des marchés.

L'auteure de cet ouvrage connaît bien son sujet, ayant travaillé
avec plusieurs entreprises pour les rendre plus innovantes et donnant
un cours sur ce sujet depuis bon nombre d'années à l'Université du
Québec à Trois-Rivières. Elle montre à travers les différents chapitres
comment il est possible de devenir graduellement cette « organisation
innovante » qui fera en sorte que non seulement la direction, mais aussi
un bon nombre d'employés sinon tous, participeront à développer de
nouvelles idées touchant tous les éléments de la chaîne de valeur.
Cette innovation « diffuse » sur de nombreux points de la firme lui

permettra de se distinguer d'une façon telle qu'il sera difficile pour les concurrents de connaître toutes ses particularités, ou si certaines deviennent connues, elles ne seront déjà plus les mêmes à ce moment-là.

On sait que la collection a pour but de fournir tant aux universitaires qu'aux intervenants dans les PME et aux spécialistes du développement régional et local les résultats des plus récents travaux sur ce qui se passe au Québec ou ailleurs dans le domaine des nouvelles entreprises et de l'expansion des PME existantes. En oute, elle veut mettre à leur disposition des outils d'intervention pour soutenir le développement de ces entreprises. Ce deuxième ouvrage, faisant suite à *Mondialisation de l'économie et PME québécoises*, publié en 1995, représente le fruit d'une longue recherche appliquée visant à faire le point sur des études et des résultats de mieux en mieux connus.

Pierre-André Julien
Directeur de la collection

Remerciements

La réalisation d'un ouvrage est toujours une aventure fascinante mais combien parsemée d'étapes qui draînent leur lot de difficultés et exigent que l'on soit bien accompagné. Aussi m'apparaît-il essentiel de prendre le temps de remercier certaines personnes qui m'ont aidée à mener à terme ce projet. D'abord, je veux remercier Pierre-André Julien, à double titre. En premier lieu, je tiens à exprimer ma fierté d'être l'un des auteurs de cette nouvelle collection sur la PME et l'entrepreneuriat. Mais en deuxième lieu, et surtout, je lui suis très reconnaissante pour le temps qu'il a consacré à mon manuscrit et pour les judicieux commentaires qui m'ont permis de l'améliorer et de lui donner plus de souffle encore. Je tiens également à souligner le travail de Denise Pronovost, Sylvie Désilets et Liette Ross, du Département des sciences de la gestion et de l'économie à l'Université du Québec à Trois-Rivières. Disponibles et patientes, elles m'ont fait profiter de leurs nombreux talents dans la saisie du texte et la mise en page. Je ne saurais non plus passer sous silence l'excellent travail de Diane Lamonde qui a effectué la révision linguistique du texte.

Enfin, je veux remercier du fond du cœur des personnes qui me sont proches. D'abord, mon conjoint, Pierre Cossette, qui m'a soutenue tout au long de ce parcours. Ses encouragements, ses conseils et surtout son enthousiasme m'ont rendu ce périple intellectuel moins difficile. Jamais je n'ai senti que le temps accordé à cet ouvrage lui était volé... Bien au contraire, il fut souvent le premier à m'inspirer pour que j'évite de prendre des raccourcis qui auraient pu nuire à la qualité de cet ouvrage. Mes deux filles, Maude et Fannie, méritent également que je les remercie pour l'enthousiasme avec lequel elles appuient toujours chacun de mes projets, en l'occurrence celui-ci. Quant à vous, cher lecteur, je vous sais gré de me laisser partager votre route pendant quelques heures ou quelques jours.

Camille Carrier

Table des matières

Introduction

Nos entreprises ont traditionnellement évolué dans un univers prévisible qui leur permettait de prendre le temps d'apprendre du passé pour mieux affronter l'avenir. Il était sage alors de planifier longuement les développements et la croissance future, tout en se souciant d'apprivoiser, de séduire et même à la limite de modeler les types de clients éventuellement visés par le produit ou le service offert. Mais les choses ont bien changé... tellement changé que l'entreprise doit continuellement se renouveler simplement pour survivre.

L'avenir est de plus en plus incertain, la technologie se développe à un rythme effréné, les marchés éclatent et le client-roi ne promet plus fidélité. Rester en affaires est un jeu devenu extrêmement complexe, dans lequel les joueurs les plus performants ne sont pas nécessairement les plus expérimentés, mais plutôt ceux qui sont prêts à oublier rapidement les vieilles règles pour participer à la construction de celles qui prévaudront dans le futur. Le passé n'est pas garant de l'avenir et la logique risque d'être bien inutile pour prévoir de quoi demain sera fait.

Un tel contexte nous amène forcément à l'importance de l'imagination créatrice comme force motrice essentielle pour le développement d'une entreprise renouvelée et vivante. Il faut innover sur tous les plans, dans toutes les directions, et parvenir à le faire plus rapidement que les autres car, dans un univers marqué par des changements rapides, l'entreprise qui n'avance pas recule forcément. Force nous est cependant d'admettre que cette imagination créatrice est certes plus que jamais mise au défi, mais en même temps encore trop peu sollicitée explicitement et valorisée dans les entreprises. Bien sûr, la plupart des gens sont probablement déjà conscients de l'importance et du bien-fondé de cette évolution vers une entreprise soucieuse d'innovation et de renouvellement. Reste à savoir quel itinéraire choisir pour parvenir à adapter des habitudes managériales acquises depuis des années dans un contexte de facilité, de confort technologique et de prêt-à-penser et prêt-à-utiliser.

Ce livre convie le lecteur à un voyage fascinant au cœur de la créativité et de l'innovation. Les deux premiers chapitres sont conçus pour démontrer l'importance de la créativité et ses impératifs incontournables. Le lecteur aura l'heureuse surprise de constater que la créativité n'est pas un don de la nature accordé seulement à quelques privilégiés. Chacun d'entre nous la porte en lui et son épanouissement ne dépend que des efforts que nous sommes prêts à faire pour nous délester mentalement de certaines attitudes qui nuisent à son développement et pour accepter quotidiennement d'investir de l'énergie pour la voir grandir. Le gestionnaire, l'entrepreneur, l'employé ou l'étudiant y trouvera des pistes intéressantes pour une prise de décision plus « éclairée » et la composition d'équipes de travail plus créatives. Nous y avons également inclus les techniques de créativité qui nous semblent les plus susceptibles d'être utiles dans un contexte organisationnel. Il appartient à chacun de les adapter à ses besoins...

Mais la nouveauté n'a aucune valeur en elle-même. Pour que de nouvelles idées donnent toute leur valeur, il faut qu'elles puissent se réaliser dans une innovation concrète, utile et profitable pour l'entreprise. Et, à l'image d'une graine que l'on sème, une bonne idée a besoin d'un sol fertile, des soins d'un « jardinier » zélé et enthousiaste et d'un climat propice pour pouvoir se développer et prospérer. C'est cette nécessité de rentabiliser les nouvelles idées qui est à la base des chapitres 3 et 4, qui traitent du phénomène de l'intrapreneuriat et de l'intrapreneur qui en est le principal acteur. L'intrapreneuriat est une nouvelle forme de gestion qui amène les employés d'une organisation à innover et à se comporter comme des entrepreneurs au service de celle-ci. À travers les caractéristiques personnelles, les rôles clés et les défis majeurs qui marquent le quotidien de l'intrapreneur, le lecteur reconnaîtra certainement des employés, des collègues, des amis et peut-être même se reconnaîtra-t-il.

Cependant, comprendre un phénomène et s'y sensibiliser ne suffit pas. Il faut agir, chaque jour, pour que l'intrapreneur ait tout l'espace et toutes les ressources pour faire valoir ses capacités. L'intrapreneuriat se travaille et se gère au même titre que la production, la vente, les finances et la comptabilité, et il exige la même rigueur. Mais comment une entreprise peut-elle s'y prendre pour dépister ses intra-preneurs, canaliser leur énergie créatrice et s'assurer qu'elle leur offre un environnement assez stimulant pour qu'ils n'aient pas le goût de la quitter pour des lieux plus intéressants?

Les chapitres 5 et 6 traitent plus particulièrement de cette der-nière question et s'intéressent au « comment ». Le développement de l'intrapreneuriat est d'abord traité au regard du contexte des grandes organisations, en proposant des moyens stimulants pour contourner la lourdeur structurelle, en instaurant un climat organisationnel et des pratiques propices à l'éclosion de comportements innovants chez les employés.

Mais l'intrapreneuriat n'est pas l'apanage de la grande entreprise. Il est tout aussi important pour la PME, dont toute l'innovation néces-saire ne peut pas être constamment assurée par quelques figures diri-geantes seulement. L'entrepreneur peut et doit en inviter d'autres à l'accompagner pour que son entreprise innove et se démarque. Cepen-dant, la PME n'est pas une « petite grande entreprise » et l'intrapre-neuriat qui y émerge est différent de celui de la grande entreprise. C'est sur ces différences et ces spécificités que le dernier chapitre vient clore ce voyage vers des organisations plus vivantes et plus créatives.

Les Québécois que nous sommes ne partent pas démunis pour ce voyage. De nombreuses entreprises de chez nous font déjà la preuve de leur créativité jusque sur la scène internationale. Le succès cinéma-tographique *Le parc Jurassique* n'aurait jamais vu le jour sans le logi-ciel qui en a permis la réalisation, qui a été conçu par des Québécois. Plusieurs de nos entreprises sont connues à l'étranger pour leurs pra-tiques organisationnelles novatrices. Cascade et Bombardier en sont de parfaits exemples. D'autres, comme le Cirque du Soleil, témoignent de cette capacité de créer et de rêver qu'elles ont su cultiver. À cet égard, que peut-on vous souhaiter de mieux que d'avoir le goût de les imiter au terme de ce voyage qui vous est proposé au pays de l'inno-vation.

1
La créativité au service de l'organisation

---

*Rien en ce monde n'est aussi fort qu'une idée
dont l'heure est arrivée...*

Victor Hugo

Pendant des années, les organisations ont fonctionné dans un environnement stable, dans lequel les changements étaient relativement peu importants et se déroulaient à un rythme assez lent. Une entreprise pouvait alors planifier de longue main son futur, en se contentant d'examiner les tendances qui avaient prévalu au cours des décennies précédentes. Le passé était garant de l'avenir et l'on pouvait croire que les recettes qui avaient fait le succès d'une entreprise hier pouvaient être réutilisées pour assurer sa continuité. Il est normal, dans un tel contexte, qu'on ait eu tendance à oublier l'importance de la créativité et qu'on ait mis l'accent sur l'ordre, l'efficacité, le contrôle et la prévision.

Le contexte actuel est fort différent. Comme le montre la figure 1.1, des changements brusques et importants sont venus bouleverser l'univers de nos entreprises. Le libre-échange s'accroît, entraînant une concurrence féroce et la nécessité pour les entreprises de s'ouvrir à de nouveaux marchés, tout en renforçant leur compétitivité. Les technologies se développent à un rythme effarant et l'information circule avec une abondance et une rapidité jamais connues auparavant. La planète est en train de devenir un vaste marché où seuls les meilleurs survivront, et le changement fait figure de constante. La grande entreprise ressent de plus en plus le besoin de se restructurer pour éviter le déclin. Au Québec, ce sont les PME qui procurent près de 80 % de tous les emplois disponibles. Entre 1983 et 1993, elles ont maintenu un taux moyen annuel de croissance de leurs emplois supérieur à celui de la grande entreprise, et cela malgré la dure récession que l'on vient de connaître. Au bureau de la Statistique du Québec, on indique qu'il y a 170 403 PME qui fournissent du travail à 1,2 million de personnes, comparativement à 924 grandes entreprises qui procurent 1,6 million d'emplois[1].

Figure 1.1

Caractéristiques des organisations des années 1990

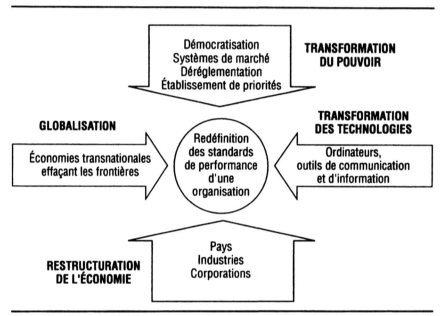

Source : Groupe Innovation, *Vers l'organisation du xxie siècle*, Sainte-Foy : Presses de l'Université du Québec, 1993, p. 12.

Une telle situation exige de nouveaux réflexes dans l'entreprise. Il ne suffit plus d'avoir d'énormes ressources matérielles et financières pour survivre. Même les plus prestigieuses entreprises ne sont pas à l'abri de la tempête qui s'est levée. Ainsi, on rapporte que 40 % de celles qui figuraient en 1985 au classement du *Fortune 500*, le

---

1. Il s'agit de données provenant d'une étude de l'INRS-Urbanisation et publiées dans le *Journal de Québec* du 12 juin 1995, p. 33.

panthéon du succès en Amérique et dans le monde, n'y sont plus[2]. Et pourtant, ces entreprises étaient des empires financiers puissants qu'on aurait pu croire à l'abri des revers qu'elles ont connus. Ces entreprises n'ont sans doute pas réalisé assez rapidement que les recettes classiques ne fonctionnent plus et que, de plus, ce ne sont pas les recettes seules qui ont changé mais le menu en entier.

Quand on évolue dans un monde où les recettes de succès sont à réinventer, on n'a plus besoin de ceux qui sont persuadés qu'ils « savent ». On cherche plutôt des employés curieux, soucieux de s'inscrire dans une organisation qui apprend et prêts à relever le défi de l'inconnu et des possibilités qu'il ouvre. Il n'est donc pas étonnant de constater que, de plus en plus, les entreprises sont à la recherche d'employés créatifs et entreprenants. Ce qui fait la richesse d'une entreprise, ce ne sont plus d'abord ses équipements et sa technologie, mais la qualité de ses ressources humaines. Selon Crozier[3], nous sommes passés d'un système de production de masse à un système qui exige qu'on réconcilie la haute technologie et le service. Dans ce nouveau système, la ressource humaine devient la ressource rare, car les matières premières, les techniques et même le capital disponible ne sont intéressants que dans la mesure où l'on dispose d'individus capables de les exploiter de façon maximale.

Les hommes et les femmes qui habitent nos organisations sont de plus en plus prêts à assumer un rôle actif dans la découverte de nouvelles façons de faire dans l'entreprise. La génération actuelle de salariés est riche de connaissances scientifiques et technologiques, car le Québec a grandement valorisé la scolarisation depuis la Révolution tranquille. De façon plus générale, les valeurs des travailleurs ont beaucoup changé. On ne veut plus travailler seulement pour survivre et manger. L'employé d'aujourd'hui veut avoir la possibilité de prendre sa place et de se réaliser, tant sur le plan personnel que sur le plan professionnel. S'appuyant sur de nombreuses analyses sociologiques, Sérieyx[4] affirme haut et fort que les salariés d'aujourd'hui veulent de plus en plus évoluer dans une organisation vivante, transparente, et ressentent fortement le besoin d'utiliser leurs connaissances, leur créativité et leur imagination. Ils refusent de plus en plus les idéologies toute faites : ils veulent participer à la construction de leur environnement.

---

2. *Idem*, p. 8.
3. Crozier, M., *L'entreprise à l'écoute*, Paris : Inter Éditions, 1989, p. 30.
4. Archier, G. et H. Sérieyx, *L'entreprise du 3ᵉ type*, Paris : Les Éditions du Seuil, 1984.

Le constat de la nécessité de redonner son importance à la créativité dans l'entreprise d'aujourd'hui est fait, et il est partagé par la grande majorité des organisations. Le désir de passer à l'action et de s'attaquer à la construction d'entités plus créatives est également fort vivant. Qui plus est, nous possédons la matière grise nécessaire pour y parvenir et un bassin d'employés motivés pour s'y engager avec beaucoup d'enthousiasme. Tous les ingrédients nécessaires pour favoriser l'émergence d'une nouvelle créativité d'entreprise semblent disponibles.

Et pourtant... Il y a loin de la coupe aux lèvres. C'est une chose que d'être convaincu de l'importance de la créativité et de compter parmi son personnel des individus intéressés à faire fonctionner leur imagination. C'en est une autre de savoir comment s'y prendre pour réaliser cet important changement. Les habitudes et la routine dans lesquelles nous avons été enfermés pendant des années sont des ennemis puissants, qui ne se combattent pas à force seulement de volonté et de détermination. Le « comment faire », à ce titre, reste entièrement à concevoir et les organisations les plus performantes en l'an 2000 seront celles qui auront trouvé « leur » réponse.

Le reste du présent chapitre sera spécifiquement consacré à la problématique du développement de la créativité dans nos entreprises. Qu'est-ce que la créativité ? Qu'est-ce qui nous empêche d'être plus créatifs ? Quelles sont les attitudes à changer pour parvenir à générer plus d'idées originales et fertiles ? Voilà autant de questions auxquelles nous allons répondre au cours des sections qui suivent.

1.1 QU'EST-CE QUE LA CRÉATIVITÉ ?

Il importe d'abord de préciser que la créativité n'est pas une mode, ni une panacée ni une solution magique qui peut résoudre tous les problèmes d'une entreprise. De telles conceptions de la créativité sont malheureusement véhiculées par certains « marchands » de techniques de créativité qui sont prêts à toutes les ruses pour séduire des chefs d'entreprise dépassés par les événements et trop naïfs pour résister. Bon nombre d'entreprises, toujours à la recherche du remède-miracle, contribuent également à répandre cette conception réductrice de la créativité.

La créativité n'est pas non plus garante de succès rapides et spectaculaires. Pensons aux artistes, aux écrivains, aux professeurs, aux inventeurs et aux hommes d'affaires qui nous entourent. Aucun d'entre eux ne peut prétendre réussir un chef-d'œuvre chaque fois qu'il fait appel à son énergie créatrice. Créer est d'abord une entreprise de patience, de persévérance et de curiosité soigneusement entretenue. Les plus grands succès dont on fait état ont souvent été précédés de nombreux échecs. Leurs auteurs ont parfois dû piétiner pendant de longues périodes et repartir à la case départ à plusieurs reprises. Nous connaissons tous l'inventeur Thomas Edison. On dit qu'il découvrit d'abord 1 800 façons de ne *pas* fabriquer une ampoule électrique. Chacun de ses échecs a d'une certaine façon servi de tremplin vers sa réussite.

Dans son utilisation courante, le terme *créativité* est ambigu et chargé de significations multiples. Malgré cela, certaines constantes se retrouvent dans la manière de le définir.

L'originalité est au cœur de la créativité

Lorsqu'on pense à la créativité, on songe forcément à la production de quelque chose de nouveau, d'inédit. Imiter, plagier, copier et reproduire n'est jamais vu comme un exercice de créativité, sauf par ceux qui réussissent à le faire en déjouant l'attention de leurs modèles et victimes. Mais ce caractère de nouveauté ne signifie pas pour autant qu'il faille concevoir quelque chose de très différent, qui n'a jamais été créé. La nouveauté peut se définir à partir de plusieurs types de critères. Quelque chose peut être original et nouveau parce qu'un utilisateur inhabituel s'est approprié une découverte originale, exploitée avec succès dans un secteur de spécialisation différent. Ainsi, ceux qui ont eu l'idée de créer un service de vente par correspondance n'ont inventé ni la vente ni les postes. Mais ils ont innové en utilisant un service déjà éprouvé (les postes en l'occurrence) pour mieux rejoindre certains groupes de clients. On peut aussi créer en décidant d'offrir un produit existant à de nouvelles clientèles. La plupart des médicaments vétérinaires ont été mis au point à partir de médicaments d'abord et avant tout conçus pour l'homme. On a créé en trouvant un nouvel utilisateur pour le produit.

La créativité réorganise forcément des éléments existants

Un grand mythe entoure le concept de créativité. On a d'emblée tendance à penser que, pour créer, il faut forcément partir de rien. Or rien n'est plus faux. La création consiste plutôt à combiner des éléments déjà existants, à les réorganiser ou à les utiliser à des fins autres que celles pour lesquelles ils avaient originellement été conçus. Produire et créer, c'est transformer, adapter, régénérer, amalgamer des éléments au départ disparates et qui trouvent une nouvelle utilité ou un nouveau sens une fois qu'on les a rapprochés.

Koestler[5] a fort bien démontré que l'acte créateur n'est pas une création au sens de l'Ancien Testament (*et Dieu créa la femme...*). Selon lui, plus une découverte est originale, plus elle paraît simple. L'inventeur ne crée pas à partir de rien : il découvre, mélange, combine, synthétise des faits, des idées, des techniques qui existent déjà. Le résultat de la création sera d'autant plus étonnant pour la plupart des gens que les parties seront plus familières. L'homme connaît depuis fort longtemps les phases de la Lune, et il a toujours su aussi que les fruits mûrs tombent sur le sol. Mais en combinant ces connaissances et d'autres, non moins banales, pour en faire la théorie de la gravitation, Newton aura changé toute la conception que l'homme se faisait du monde.

Plusieurs innovations technologiques sont d'ailleurs le fruit de telles manipulations créatrices. On prend des technologies déjà connues et utilisées dans certaines spécialisations et on les combine pour en changer les effets, l'utilité et le destinataire. L'ordinateur, par exemple, a été conçu et développé à partir de technologies déjà utilisées à des fins autres. On a simplement réorganisé le déjà connu pour créer un nouvel outil.

La créativité est d'abord et avant tout un processus

La créativité n'est pas un produit ou un résultat, mais elle apparaît plutôt comme un processus au cours duquel l'individu explore et évalue de nouvelles idées. On s'entend généralement pour diviser ce processus en quatre étapes[6]. Ces quatre étapes sont présentées dans la figure 1.2.

---

5. Koestler, A., *Le cri d'Archimède*, Paris : Calman-Lévy, 1987.

6. Timbal-Duclaux, L., *Stratégie de créativité dans l'entreprise*, Paris : Retz, 1990, p. 63.

Figure 1.2

Processus de créativité

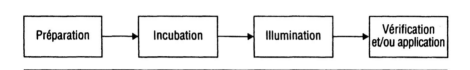

Dans la première étape, l'individu ou le groupe (puisque la créativité peut également être le fait d'une équipe de gens intéressés par la même question) fixe son attention sur une situation, un problème ou un objet pour lequel il souhaite trouver une solution, un élargissement, ou à partir duquel il désire créer. On entreprend alors une période d'observation, au cours de laquelle il faut collecter des informations, de la documentation et des données. À cette étape, l'individu ou le groupe doit être ouvert à tout ce qui peut nourrir son esprit et améliorer ses connaissances. Comme le disait déjà Marshall[7] en 1919, on ne crée pas à partir de rien. Il faut s'inspirer des « idées qui sont dans l'air ». Ainsi, le romancier ou l'écrivain passera souvent plusieurs mois à recueillir des faits ou des témoignages qui serviront à rendre son récit plus crédible ou plus vivant. Le chef de la recherche et du développement qui songe à la conception d'un nouveau produit ira sur le terrain pour connaître l'opinion des clients éventuels ou il ira observer des collègues qui font déjà des tests sur le même concept, mais à des fins différentes. On pourrait dire qu'il s'agit d'abord de se « nourrir » d'informations avant de créer.

À la deuxième étape, celle de l'incubation, notre créateur s'isole souvent, pour mieux se concentrer sur ce qu'il a recueilli à la première étape. Il jongle avec les idées, les combine de plusieurs façons différentes et les compare les unes aux autres. Il se laisse envahir par son « problème » et n'hésite pas à laisser vagabonder son esprit sur ce qui le préoccupe, chaque fois qu'il en a l'envie ou l'occasion. Plus le problème est difficile à résoudre, plus la période d'incubation risque d'être longue. Il s'agit d'une période de « ruminage mental » fort importante, qu'il ne faut pas tenter d'écourter ou d'éluder. Les bonnes idées sont

---

7.   Marshall, A., *Industry and Trade*, Londres : MacMillan, 1919.

rarement venues du premier coup. Souvent, il a fallu leur faire subir plusieurs mutations avant qu'elles n'apparaissent dans tout leur intérêt. Dans le milieu des affaires, il est rarement possible d'isoler totalement l'individu ou le groupe créateur, mais on devrait au moins lui accorder des périodes de temps où il peut laisser se confronter les possibilités qu'il a déjà pressenties.

L'illumination, troisième phase du processus, est l'étape décisive de la créativité. Sans elle, les deux premières resteront stériles. C'est l'étape où une illumination intérieure permet au créateur de voir enfin quels sont les éléments de son exploration qu'il y aura lieu de conserver et/ou de fondre pour résoudre le problème auquel il s'était

---

Quelques définitions de la créativité [8]

« La créativité est une aptitude de l'individu à créer, à produire des idées neuves et réalisables, à combiner et à réorganiser des éléments. »

(Bernard Demory)

« La capacité de faire appel à son imagination pour réorganiser l'existant en vue de trouver des solutions innovatrices. »

(A.F. Osborn)

« La créativité est un processus intellectuel qui vise à provoquer le plus d'associations possibles afin d'arriver à une nouvelle synthèse, un nouvel arrangement d'où surgiront des nouveautés conceptuelles, des stratégies inattendues, des innovations. »

(Madeleine Roy)

« Réfléchir créativement est une technique opératoire avec laquelle l'intelligence exploite l'expérience dans un but donné. »

(E. de Bono)

« Découvrir, créer, c'est voir la même chose que tout le monde et penser autrement. »

(R. Von Oech)

« La créativité peut être pensée comme la qualité ou le talent qui aboutit à un résultat nouveau, utile et compréhensible. »

(L. Timbal-Duclaux)

---

8. Pour alléger la présentation, les ouvrages desquels sont tirées les définitions ne sont pas indiqués ici. Le lecteur pourra toutefois les trouver dans la bibliographie.

attaqué. La solution semble apparaître en un éclair d'intuition. Et pourtant, elle n'est que le fruit du long voyage au cœur du possible et de l'impossible qui l'a précédée.

La dernière étape, celle de la vérification et/ou de l'application consiste à vérifier l'utilité de l'idée retenue. Elle amène évidemment du même coup le créateur à en évaluer la pertinence et la faisabilité en tentant de l'appliquer à une situation réelle. C'est cette étape qui constitue le véritable test du niveau de réussite du processus créateur dans lequel on s'est engagé.

Comme il existe de multiples définitions de la créativité, tout aussi intéressantes les unes que les autres, le lecteur pourra choisir celle qui lui convient le mieux dans l'encadré de ce chapitre. La série de définitions qui y est donnée est loin d'être exhaustive. Le but est en fait de présenter les définitions qui semblent les plus appropriées au thème de l'ouvrage.

1.2 ET POURQUOI PAS MOI?

On a malheureusement trop souvent tendance à penser que la créativité est l'apanage de quelques individus particulièrement doués, comme s'il s'agissait d'un don que la nature n'octroie qu'à quelques privilégiés. S'appuyant sur bon nombre de tests scientifiques, Osborn[9] démontre au contraire l'universalité relative du potentiel créateur. Selon lui, la créativité est normalement répartie, c'est-à-dire que chacun de nous possède cette faculté à un degré plus ou moins élevé. La créativité dont on peut faire preuve dépend bien plus de l'énergie mentale qu'on est prêt à y consacrer que d'une capacité innée.

La plupart des gens croient également que l'âge influe beaucoup sur la créativité. On a d'emblée tendance à penser que les jeunes sont plus créatifs. Ce préjugé n'a aucun fondement dans la réalité. Graham Bell n'a-t-il pas inventé le téléphone à un âge très avancé? Osborn fait état des résultats obtenus par le professeur Harvey Lehman de l'Université d'Ohio. Ce dernier a fait une étude sur des personnalités célèbres dont les idées ont connu un rayonnement international. Il a

9. Osborn, A.F., *Créativité. L'imagination constructive*, Paris : Bordas, 1988.

analysé plus de mille carrières créatives et en a conclu que, en moyenne, c'est à plus de 70 ans que se manifeste la créativité la plus féconde.

Certes, nous connaissons tous des personnes qui ont vu s'émousser leur curiosité et leur créativité avec l'âge. On peut toutefois faire l'hypothèse que cela ne dépend pas d'une baisse de leur potentiel de créativité. Il faudrait plutôt voir là l'influence d'une certaine aisance acquise avec le temps ou de la relative stabilité, qui fait décroître chez ces personnes leur intérêt à l'égard des problèmes que leur pose leur milieu de travail.

Le facteur sexe a-t-il, pour sa part, une influence significative sur le degré de créativité? La femme est peut-être moins avantagée que l'homme sur le plan de la musculation et de la force physique, mais nullement sur le plan de l'imagination. Certains indices pourraient même nous porter à croire qu'elle est d'emblée plus créative. Ainsi, Osborn[10] rapporte avoir tenu plus de mille séminaires de production d'idées, au cours desquels les membres féminins du groupe ont constamment produit un plus grand nombre d'idées que les hommes. Il rapporte également une étude de la Fondation Johnson O'Connor qui a trouvé, après examen de 712 femmes, que leur puissance créatrice dépassait en moyenne de 25 % celle des hommes.

Par contre, si l'on songe aux grandes inventions faites au cours des siècles, aux grands écrivains et musiciens et aux diverses personnalités qui ont marqué l'histoire, les femmes sont à peu près absentes du palmarès. Les femmes seraient-elles devenues tout à coup plus créatives à l'aube de l'an 2000? Il semble que ce ne soit pas le cas.

D'abord, il faut tenir compte du peu de place occupée par les femmes dans la science et les arts au cours des siècles passés. Leur faible représentation parmi les personnages célèbres pour leur créativité peut donc s'en trouver largement expliquée. Par ailleurs, on pourrait croire que les femmes ont souvent eu, traditionnellement, plus d'occasions de développer cette qualité que les hommes. Prenons, par exemple, le cas d'une mère de famille. Quotidiennement, elle doit utiliser sa créativité pour régler les problèmes qui se posent. Il peut s'agir d'une recette à réaliser alors qu'il manque certains ingrédients ou de trouver des moyens pour convaincre un enfant qui refuse de manger. Ce sont ces diverses circonstances qui l'amènent souvent à utiliser son

---

10. *Ibidem.*

imagination créatrice. Dans les faits, cependant, il semble que le potentiel des hommes et des femmes en matière de créativité soit le même au départ.

Il semble que le jugement, chez l'individu moyen, s'accroît avec l'âge. Il en va tout autrement de la créativité. En effet, elle semble plutôt diminuer progressivement chez ceux et celles d'entre nous qui ne tentent pas consciemment de la développer. La vie de tous les jours nous oblige à exercer notre jugement du matin au soir, de l'enfance à la vieillesse. À l'inverse, nous sommes généralement incités par notre éducation et notre milieu à nous conformer au système et aux règles établis plutôt qu'à sortir des sentiers battus. C'est ce point que nous examinerons plus en détail dans la section qui suit.

1.3 LES FREINS À LA CRÉATIVITÉ

Puisqu'il semble acquis que nous possédons tous une certaine dose de créativité, il est étonnant que nous soyons aussi peu nombreux à l'exploiter. Pourquoi avons-nous tendance à préférer le connu et l'exploré au détriment de l'insondé ? Pourquoi ne nous arrive-t-il pas plus souvent de penser autrement, en nous permettant non seulement de multiplier les réponses possibles, mais aussi de changer même le type de questions que nous nous posons ? Chacun de nous pourra rétorquer qu'il a pourtant été, enfant, un être de rêve, de fantaisie et d'imagination, qui ne craignait pas de sortir des sentiers balisés pour laisser courir ses pensées les plus folles.

Que s'est-il donc passé entre l'enfance et l'âge adulte pour que tout à coup on ne se donne plus le droit d'éloigner ses limites en concevant ce qui semble impossible ? Malheureusement, l'éducation reçue est très largement responsable de cette sous-utilisation du potentiel créateur au détriment d'une rationalité dont on a grandement surestimé les vertus. Nous arrivons à l'âge adulte empêtrés dans des principes, des règles et des croyances qui entravent notre imagination et l'empêchent de faire entendre sa voix. La présente section explore quelques-uns des principaux freins à la créativité. La littérature qui en traite en propose un très large éventail. On se limitera ici à ceux qui paraissent être les plus destructeurs, au sens où ils continuent à marquer les habitudes et pratiques des individus qui habitent nos organisations. Ces freins, qui sont résumés dans le tableau 1.1, seront ici exprimés sous forme d'attitudes, qui nous ont été transmises dès le plus jeune âge certes, mais qu'on continue souvent de nous inculquer dans la culture de nos organisations.

Le lecteur qui constate la présence d'un ou de plusieurs de ces freins dans ses propres attitudes ou dans celles des membres de son entourage ne devrait pas se laisser décourager dans ses efforts pour être plus créateur. Bien au contraire, le simple fait d'en prendre conscience pourrait l'aider à adopter des attitudes plus positives à cet égard. Dans le même ordre d'idées, le tableau 1.2 présente les dix commandements de l'entreprise créative. Ces derniers peuvent servir de guide dans la recherche d'une culture organisationnelle plus propice à l'innovation.

Tableau 1.1

Sept attitudes qui entravent l'éclosion de la créativité dans l'entreprise

1.   La surestimation de la logique et de la rationalité.

2.   Le règne de la spécialisation.

3.   L'obsession de « la » bonne réponse.

4.   La peur excessive de l'échec.

5.   La dévalorisation du jeu et de la fantaisie.

6.   Une conception limitative de l'intelligence.

7.   Le respect inconditionnel de la règle.

La surestimation de la logique et de la rationalité

Nous appartenons à une société soucieuse d'efficacité et de rentabilité, dans laquelle il n'y a pas beaucoup de place pour la fantaisie. Très tôt, on nous fait comprendre que pour être efficace et utile, nous devons être logique. Nous apprenons qu'il faut être capable de répertorier les choses et les événements et de les classer dans des catégories. Il faut pouvoir tout expliquer. Et pourtant, cette raison que nous portons aux nues nous entraîne bien souvent vers des solutions stériles, qui n'ont pour effet que de nous faire persister dans des pistes que nous avons déjà maintes fois suivies sans succès.

Dans l'entreprise, le même mot d'ordre se perpétue. On demande aux employés d'être avant tout logiques, d'avoir une pensée structurée, qui doit s'appuyer sur du solide pour faire des prévisions. Il s'agit d'une situation souvent fort dangereuse et piégée, car la logique s'appuie forcément sur des prémisses auxquelles on peut se fier. Et actuellement, nombre des prémisses sur lesquelles les entreprises ont pu s'appuyer pendant des années sont en train de s'écrouler et de prouver qu'elles ont cessé d'être utiles pour l'avenir.

Chaque jour qui passe amène des situations bouleversantes pour les entreprises qui ont cessé de sonder l'impossible. Logiquement, on aurait difficilement cru possible que les Japonais deviendraient des champions de la qualité, alors qu'ils avaient si longtemps été associés à une production bas de gamme. Logiquement, il était difficile de croire qu'un jour les Américains perdraient leur primauté dans l'industrie automobile. De même, on aurait difficilement pu croire que l'industrie du livre continuerait de prospérer au rythme actuel, avec l'avènement de la télévision, du cinéma et de la vidéo. La réalité dépasse pourtant souvent les idées reçues, en démontrant que le possible reste encore totalement inconnu et que la rationalité est souvent bien inefficace pour prévoir les changements futurs.

Pourtant, bon nombre d'entreprises continuent de confier la barre à des gestionnaires qui dirigent d'abord en s'appuyant sur une logique implacable, sans se laisser guider par leur intuition et leur imagination créatrice. Ces gestionnaires sont ceux que Patricia Pitcher[11] appelle les « technocrates », par opposition aux « artistes », qui ont une vision globale de l'organisation, et aux « artisans », qui aident à la réaliser.

L'exercice de la créativité s'accommode souvent fort mal de la pensée logique. Il réclame plutôt qu'on établisse des liens ou des rapports nouveaux entre les choses, les événements et les gens. La pensée créatrice est exploratoire. Elle tente d'expliquer l'inconnu en se servant de ce qui est déjà connu. Ainsi, pour résoudre un problème qu'on n'a pas réussi à résoudre en suivant les règles de la rationalité, il pourrait être fort utile de l'aborder en le changeant de contexte ou en le campant dans un nouveau cadre. Une idée très irréaliste au départ peut servir de tremplin et déboucher sur une idée créatrice très pratique.

---

11. Pitcher, P., *Artistes, artisans et technocrates dans nos organisations*, Montréal : Presses HEC, 1995.

Le règne de la spécialisation

Nos organisations sont pleines de spécialistes dont le savoir et les habiletés sont quotidiennement mis à contribution. Dans un monde où la complexité ne cesse d'augmenter, on s'est senti tenu de spécialiser de plus en plus les travailleurs. Ainsi, on a des spécialistes en marketing, en finance, en technologie, en production, en systèmes d'informations; on pourrait continuer encore longuement l'énumération, mais tel n'est pas le but de l'exercice. Loin de nous l'idée d'affirmer que la spécialisation est inutile à l'entreprise et qu'elle n'a pas sa raison d'être pour assurer certains types de tâches.

Tableau 1.2

Les dix commandements de l'entreprise créative

1. Notre entreprise fonctionne avec un minimum de règles et celles-ci sont régulièrement remises en question.
2. Chez nous, le spécialiste ne règne pas en maître : il aide, améliore et propose.
3. Nous souhaitons que nos employés aillent au-delà de ce qu'on leur demande.
4. Nos employés savent que leur intuition est une ressource sur laquelle nous comptons.
5. L'employé qui remet en cause nos façons de faire est un allié dont les propositions méritent qu'on s'y attarde.
6. La hiérarchie est un mal nécessaire, dont il faut bien doser les effets.
7. Nous cherchons des employés capables de prendre des risques et de sortir des sentiers battus.
8. Chez nous, le gestionnaire est membre à part entière de son équipe.
9. Nous préférons demander « pourquoi pas ? » plutôt que « pourquoi ? »
10. Nos succès passés ne sont pas garants de notre succès futur.

Force nous est cependant de reconnaître que ces spécialistes sont souvent des héros surestimés, que leur spécialisation enferme forcément dans les règles propres à leur domaine. On peut même penser qu'en matière de créativité, le spécialiste peut devenir un individu à fuir et à redouter. En effet, il a tendance à ignorer les signaux qui ne vont pas dans le sens de ses connaissances et à donner priorité aux types d'idées préconisées dans son domaine. Le spécialiste s'assied sur son savoir ; il est catégorique. Il sait d'avance ce qui est possible et ce qui est impossible : il a tant de données, de références et de théories sur lesquelles il peut s'appuyer que son autorité est souvent difficile à remettre en cause.

Malheureusement, la spécialisation en elle-même est sélective. En même temps qu'elle nous amène à approfondir un champ d'intérêt particulier, elle nous isole de tout ce qui évolue autour et à l'extérieur. À mesure qu'on sait plus de choses dans un champ donné, on ignore parfois de plus en plus ce qui se passe dans les autres champs. Et qui plus est, les seules solutions qu'il nous est possible d'envisager sont celles que notre domaine de spécialisation nous suggère. Même les questions que nous nous posons sont largement déterminées par notre type de spécialisation. Ainsi, une hausse des ventes sera vraisemblablement expliquée en termes de commercialisation par le spécialiste en marketing, en termes de motivation des représentants par le spécialiste en ressources humaines, ou présentée comme une conséquence de la qualité du produit par un spécialiste de la production. De toute évidence, il est fort tentant de faire coïncider les problèmes que nous rencontrons avec le type de solutions que nous connaissons.

Assez curieusement, il semble que, bien souvent, les idées qui ont été à l'origine des grandes découvertes n'ont pas été conçues et concrétisées par des spécialistes du domaine concerné. Ceux-ci étaient tellement imbus de la supériorité de leurs méthodes qu'il leur aurait été difficile de les remettre en question pour apporter des idées qui défient le possible connu. Un exemple frappant de ce fait surprenant est rapporté par Joël Barker[12]. Il s'agit en l'occurrence du concept de la montre au quartz, qui a été mis au point et commercialisé par les Japonais et les Américains. Il semble pourtant que ce soient des concepteurs suisses qui en aient d'abord eu l'idée. On sait que la Suisse a dominé le domaine de l'horlogerie pendant plusieurs décennies. Sa supériorité était reconnue à travers le monde entier. Les artisans suisses de l'horlogerie n'ont pas pu accepter l'idée qu'une montre puisse fonctionner sans les mécanismes traditionnels et se sont contentés de mépriser la nouvelle idée de certains des leurs. D'autres l'ont pourtant exploitée, avec le succès que l'on sait... et les effets que cela a entraînés sur la traditionnelle primauté suisse en matière d'horlogerie. Fort heureusement, cependant, les Suisses ont été capables de conserver une place dans cette industrie, notamment en créant des machines-outils électroniques servant à la fabrication des montres.

Lorsque le spécialiste d'une discipline est placé devant une idée qui vient bouleverser ses méthodes et les théories sur lesquelles il s'est toujours appuyé, il lui faut beaucoup de courage et de détermination

---

12. Barker, J., *Discovering the Future*, USA : ILI Press, 1985.

pour accepter de lui donner assez d'importance pour en poursuivre l'exploration. Il a beaucoup à perdre et il devra probablement abandonner pour ce faire des idées qui l'ont toujours soutenu et guidé. Il lui faudra aussi lutter avec ceux et celles qui sont dans le même domaine de spécialisation et qui sont convaincus de la « vérité » à laquelle ils ont adhéré. Le néophyte, quant à lui, n'a rien à perdre. Il n'a pas investi de temps ni d'énergie dans les façons de faire traditionnelles. Il ne sait pas ce qui est « impossible » à réaliser dans un domaine donné et il acceptera plus facilement de poser des questions originales et de défier les règles du domaine.

Partant de tels constats, faut-il conclure que l'entreprise soucieuse de créativité doit se débarrasser de ses spécialistes pour les remplacer par des néophytes ignorants tout de ses domaines de spécialisation ? Bien sûr que non. Le spécialiste demeure une ressource importante pour gérer la complexité croissante qui caractérise aujourd'hui l'univers des entreprises. Il faut cependant mieux les exploiter et savoir canaliser leurs énergies en les obligeant à confronter et à associer leurs connaissances avec celles des autres disciplines. Il peut être également fort à propos de diversifier la composition des équipes de recherche lorsqu'il s'agit de créer et d'innover. Plutôt que de laisser les spécialistes discuter en vase clos et à l'abri de la contestation, il est souhaitable d'introduire dans l'équipe quelques « naïfs » motivés et futés qui sauront formuler de nouveaux types de questions.

Enfin, il faut admettre que le spécialiste est généralement peu enclin à laisser vagabonder son imagination au-delà des limites cognitives de son champ de connaissances. Et pourtant, la créativité fertile réclame qu'on se livre au jeu du « imaginons que... » Imaginons par exemple que l'espérance de vie augmente à 120 ans. Imaginons que les voitures puissent voler. Imaginons que les entreprises puissent connaître les besoins de leurs clients dix ans à l'avance. Qu'arriverait-il alors ? Le jeu du « imaginons que... » est susceptible de générer des idées qui serviront de tremplins à d'autres idées. Il nous propulse vers le futur. Jules Verne avait raison lorsqu'il disait : « Ce qu'un homme est capable de concevoir et d'imaginer aujourd'hui, d'autres seront capables demain de le réaliser. »

L'obsession de « la » bonne réponse

Placé devant un problème à définir ou devant le choix d'une solution, l'individu ou le groupe a d'emblée tendance à penser qu'il n'existe en fait qu'une bonne réponse, qu'il s'agit tout simplement de découvrir.

Une telle attitude découle largement du type d'éducation que nous avons reçue. Von Oech[13] abonde dans ce sens :

> Notre système éducatif est surtout conçu de manière à amener les gens à rechercher **la bonne réponse**. À la fin de ses études supérieures, l'individu moyen aura passé plus de 2 600 tests, interrogations et examens pour lesquels il faut trouver une bonne réponse. Ainsi, l'approche de « la bonne réponse » est profondément ancrée dans notre pensée. Ceci peut s'avérer parfait pour résoudre certains problèmes mathématiques où il n'y a en fait qu'une seule bonne réponse. Mais la difficulté réside en ce que la vie ne se présente pas toujours sous cet angle ; la vie est quelque chose d'ambigu et il y a de nombreuses bonnes réponses.

Il est rare, en effet, qu'un problème ou une situation critique ne puissent être résolus que par une seule issue. Le danger, lorsqu'on en a perdu conscience, c'est d'arrêter de chercher d'autres idées, d'autres possibilités aussitôt qu'on se trouve devant une avenue qui semble prometteuse. Les bonnes idées sont rarement apparues dans leur état final après un premier jet. Trouver des idées et des solutions créatrices et originales exige donc que l'on s'entraîne régulièrement à trouver plusieurs bonnes solutions pour un même problème. Une bonne idée ne vaut pas grand-chose quand c'est la seule que l'on a.

La peur excessive de l'échec

Voilà, certes, un autre héritage de l'éducation que nous avons reçue. Il est aussi largement entretenu par la culture en vigueur dans nos entreprises. Quand on apprend qu'il faut toujours nécessairement trouver la bonne réponse, on acquiert du même coup la conviction que l'erreur est une faute condamnable, qu'il faut éviter à tout prix. On a alors tendance à penser que l'erreur et l'échec sont essentiellement stériles et qu'ils nous font perdre un temps précieux.

Les erreurs et les échecs sont pourtant fort utiles, car ils nous donnent un feed-back assez rapide sur nos efforts et sur la démarche entreprise. Ils nous permettent de savoir qu'un changement de méthode, de point de vue ou d'approche s'impose. D'ailleurs, ce sont souvent eux qui nous obligent à évoluer ou à penser différemment. Tout cela n'est cependant vrai qu'à la condition que nous les fassions suivre d'une solide réflexion sur les facteurs et les causes qui les ont

---

13. Von Oech, R., *Créatif de choix ! Innovez pour gagner !*, Paris : Presses Pocket, 1986, p. 52.

engendrés. Lorsque tout va bien, nous ne nous posons pas ce genre de question et nous nous illusionnons alors souvent sur les motifs véritables qui ont conduit au succès.

Cela ne signifie pas pour autant qu'il faille rechercher délibérément les erreurs. Les erreurs dans les activités courantes ou dans les relations avec la clientèle sont en effet rarement source d'avantages. À l'heure où le client est roi et constamment sollicité par des concurrents avides et prometteurs de satisfaction, il pardonne difficilement à l'entreprise qui omet de tenir ses engagements. Ce type d'erreur peut même être fatal à une nouvelle entreprise, qui a rarement une deuxième chance de faire bonne impression et les ressources pour lui permettre de réparer ses fautes, qu'il s'agisse de celles commises envers le client ou par rapport à sa propre gestion.

Pourtant, le processus créatif réclame, lui, qu'on sache lui faire une large place, principalement à la phase embryonnaire ou aux premières étapes. Créer, c'est sonder l'impondérable, et il est rare qu'on parvienne à le saisir du premier coup. On dit souvent d'ailleurs que les personnes qui ne font jamais d'erreurs sont celles qui ne font pas non plus d'essais ni de tentatives.

Nos organisations doivent admettre qu'il leur faut redonner à l'erreur sa valeur en tant que moyen d'apprentissage si elles veulent que plus d'individus créateurs acceptent de se manifester à travers elle. Gunsch[14] rapporte le cas surprenant d'une entreprise qui a décidé d'instaurer un programme de récompense pour les erreurs des employés. Cette entreprise invite les gestionnaires à présenter une liste de leurs échecs récents à la haute direction, qui en fait d'abord une première évaluation. Les gestionnaires concernés sont ensuite invités à participer à un comité dont la tâche est d'évaluer le « potentiel » des erreurs décelées, au sens où elles permettraient à l'entreprise de se réajuster ou lui donneraient des signes qu'il faut réorienter ou revoir certains points. L'erreur la plus « porteuse » ou la plus « prometteuse » est alors primée : son auteur se voit remettre une prime de 100 $. Voilà une pratique qui, certes, étonne mais qui mérite qu'on lui accorde une certaine attention.

---

14. Gunsch, D., « Awards programs at work », *Personnel Journal*, 70(90), septembre 1991, p. 85-89.

La dévalorisation du jeu et de la fantaisie

Essayez de vous souvenir de ce que vous ressentiez lorsque plus jeunes vous étiez occupé à jouer librement avec vos amis ? Il y a fort à parier que vous vous rappellerez vous être alors senti plein d'enthousiasme et très motivé. Le jeu canalisait votre énergie et vous mettait dans un état d'euphorie où rien ne paraissait impossible. Vous n'aviez sans doute pas encore alors été contaminé par l'idée qu'il fallait toujours gagner à tout prix.

Malheureusement, notre conception positive du jeu a généralement eu tendance à s'émousser à mesure qu'on avançait en âge. Le jeu nous était présenté comme un exercice futile, qu'il fallait abandonner pour privilégier des occupations dont l'utilité immédiate était beaucoup plus valorisée. Mais pire encore, on nous a fait accepter l'idée que le jeu ne débouchait que sur deux issues : gagner ou perdre, comme si aucune autre forme de gain ou de croissance n'était possible.

Il en va de même dans bon nombre d'organisations qui privilégient la compétition et la performance, en instaurant un climat où on ne peut que perdre ou gagner. Il y aurait avantage alors à redonner au jeu sa signification première. On pourrait, par exemple, le considérer plutôt comme une occasion de croissance[15]. On ne peut pas toujours gagner, mais on peut toutefois apprendre beaucoup lorsqu'on perd. Malheureusement, les employés sont au contraire souvent exhortés à être sérieux et logiques. Ils n'ont alors pas le goût de jouer avec les possibilités, avec les problèmes, pour les retourner dans tous les sens afin d'en voir émerger les différentes facettes.

Une conception limitative de l'intelligence

Que veut-on dire lorsqu'on affirme qu'un individu est très intelligent ? À quel type d'habiletés mentales se réfère-t-on pour définir l'intelligence des hommes et des femmes qui habitent nos organisations ? Malheureusement, force est d'admettre que certaines facultés de l'esprit sont largement préférées à d'autres, tout aussi importantes pourtant, lorsqu'on qualifie quelqu'un d'intelligent.

---

15. Le lecteur particulièrement intéressé par la question consultera avec profit l'ouvrage *Entreprendre par le jeu* paru dans la Collection « Entreprendre » des Éditions Trancontinentales.

La mémoire constitue, à ce titre, un exemple frappant. Pendant toute la durée de ses études, l'individu moyen est continuellement soumis à une gymnastique intellectuelle qui l'amène à développer sa mémoire. La meilleure performance est obtenue par celui ou celle qui parvient à restituer le plus fidèlement possible des faits, des théories, des règles et des principes considérés comme importants. Il y a d'ailleurs eu au Québec un quiz télévisé où des jeunes s'affrontaient dans des joutes « questions/réponses », qui exigeaient avant tout une bonne mémoire. Le titre de cette émission, « Génies en herbe », est fort révélateur de l'association que nous avons pris l'habitude de faire entre mémoire et intelligence.

Évaluez votre potentiel de créativité

Répondez aux questions suivantes en indiquant,
dans l'espace prévu à cette fin, un score de 3 pour *souvent*,
de 2 pour *parfois* et de 0 pour *jamais*.

---

1. Avez-vous tendance à vous intéresser
   à ce que vous ne connaissez pas ? ☐

2. Est-ce que vous êtes capable d'enfreindre ou de contourner
   les règles lorsque vous les jugez inutiles ? ☐

3. Réservez-vous un accueil favorable aux idées nouvelles
   qui sont émises par vos collègues et amis ? ☐

4. Laissez-vous vagabonder facilement
   votre imagination ? ☐

5. Êtes-vous conscient de vos propres préjugés
   et de vos idées préconçues ? ☐

6. Lisez-vous des articles d'avant-garde et de pointe
   dans votre secteur d'activité professionnelle ? ☐

7. Êtes-vous capable de tenir à vos propres idées
   lorsqu'elles sont contestées par les autres ? ☐

8. Vous arrive-t-il de choisir de vous fier
   à votre intuition plutôt qu'à votre raison ? ☐

9. Vous montrez-vous curieux et opportuniste face
   aux problèmes que rencontrent vos compagnons
   ou les clients de votre entreprise ? ☐

10. Vous arrive-t-il de pouvoir déceler à l'avance
    des tendances ou des opportunités ? ☐

11. Êtes-vous capable de vous « amuser », de « jouer » avec les problèmes auxquels vous êtes confronté ? ☐

12. Vous arrive-t-il de vous servir d'images pour mieux faire passer un message ou une idée que vous avez ? ☐

13. Prenez-vous facilement des risques ? ☐

14. Vous interdisez-vous de faire certaines expériences pour éviter l'échec ? ☐

15. Croyez-vous que les spécialistes soient les meilleures personnes pour trouver de nouvelles solutions ? ☐

16. Savez-vous promouvoir vos idées et trouver des appuis ? ☐

17. Changez-vous facilement d'idée ? ☐

18. Avez-vous des collègues ou des amis avec qui vous pouvez discuter de vos nouvelles idées ? ☐

19. Affirmez-vous facilement votre opinion, sans peur du ridicule ? ☐

20. Êtes-vous capable de vous pencher sur le même problème pendant longtemps et avec détermination ? ☐

21. Vous arrive-t-il de vous servir d'éléments appartenant à d'autres disciplines que la vôtre pour résoudre un problème ou innover ? ☐

22. Avez-vous des idées qui bouleversent les façons traditionnelles de voir et de faire ? ☐

Un score total variant entre 52 et 66 signifie que votre quotient de créativité est élevé. De 32 à 51, le potentiel est là et ne demande qu'à être développé. Un score plus faible vous indique de revoir vos attitudes : vous vous enlisez dans la routine...

Bien sûr, la mémoire est importante. Elle nous permet de stocker une grande quantité d'informations que nous pouvons faire surgir au besoin. Elle permet également l'accumulation des apprentissages que nous réalisons à travers notre expérience, en conservant quelque part un vécu qui pourra nous guider dans des occasions ultérieures. Pourtant, la mémoire n'a rien à voir avec l'intelligence. Les ordinateurs de plus en plus perfectionnés dont nous disposons ont une mémoire prodigieuse. Nous pouvons leur confier des milliers d'informations sans aucune inquiétude.

Pourtant, l'ordinateur n'est pas intelligent, il ne peut pas penser, imaginer, créer. Il n'a aucun jugement, se contentant au mieux de faire des liens ou d'opérer des tris ou des choix à partir de programmes. En fait, il n'est qu'un outil, qui a nécessairement besoin de l'intelligence humaine pour savoir ce qu'il doit faire et comment le faire. La mémoire n'est donc pas synonyme d'intelligence : elle est plutôt une aide à cette dernière. Il importe donc de lui redonner la place qui lui revient et de valoriser davantage d'autres aspects de l'intellect humain, tels que l'imagination, l'intuition et la capacité d'association.

On a également naturellement tendance à associer l'intelligence au jugement. Ainsi, on décrira comme intelligent l'individu qui décode correctement les informations et messages qu'il reçoit, qui fait les liens appropriés entre ces derniers et sait les interpréter avec logique et cohérence. Selon une telle conception, l'individu qui ne se trompe jamais ou rarement est considéré comme très intelligent. N'entend-on pas souvent : « il est très intelligent, il décortique n'importe quel problème sans jamais faire d'erreur » ? Pourtant, encore là, le jugement que nous avons face à un problème donné dépend généralement tout simplement de l'expérience que nous avons de ce type de problème.

Albert Jacquart, le grand généticien français, a d'ailleurs montré que lui et ses compagnons avaient été formés dans une grande école française fort prestigieuse, mais que cela ne les avait pas rendus universellement intelligents pour autant. Selon lui, ils ont été entraînés et formés à résoudre des problèmes dans un domaine particulier, ce qui ne garantit nullement qu'ils puissent se montrer aussi efficaces devant des problèmes nouveaux, faisant appel à d'autres types de connaissances. Plus près de nous, dans nos universités nord-américaines, l'utilisation abusive de la méthode des cas proposée par Harvard a souvent produit des gestionnaires incapables de sortir des cas connus.

Être intelligent au sens de la logique et de la cohérence, c'est pouvoir faire preuve d'une bonne dose de pensée rationnelle. Mais la créativité réclame une autre forme d'intelligence, qui consiste plutôt dans l'exercice d'une pensée exploratoire. La pensée rationnelle tend à rassembler des informations pertinentes, pour les relier entre elles en direction d'une cible déterminée. La pensée exploratoire, au contraire, se permet de sortir des sentiers battus ; elle explore, s'enrichit de diversions et se donne la permission de laisser cohabiter des éléments qui n'appartiennent pas d'emblée à la même catégorie ou au même ensemble de connaissances et de savoirs.

L'esprit qu'on a trop facilement tendance à qualifier d'*intelligent* dans nos entreprises préfère généralement les certitudes à l'exploration. Il excelle dans l'analyse, la critique et l'évaluation *a priori* et *a posteriori*. Tirer des conclusions certaines, ou à peu près, fait partie de ses objectifs. Il aime prouver, démontrer et avoir raison dans les points de vue qu'il énonce. Peut-on s'attendre alors à ce qu'il s'adapte facilement et avec succès à des tâches dans lesquelles il devra plutôt faire preuve d'intuition et d'imagination créatrice ?

Le respect inconditionnel de la règle

La plupart des individus sont, très jeunes, incités à respecter les règles établies et à s'y conformer, quelles que soient les circonstances. En soi, il n'y a rien de bien dangereux dans une telle attitude, puisque les règles sont en principe des guides utiles lorsqu'il s'agit d'évaluer une situation, de choisir des comportements et de résoudre certains problèmes. Les règles, il faut bien l'avouer, nous simplifient la vie dans maintes situations. Elles nous évitent d'avoir constamment à nous questionner devant des situations courantes et répétitives. Elles peuvent également servir d'outil de contrôle social et organisationnel, puisqu'elles permettent à chacun de savoir ce qu'il peut (ou ne peut pas) faire, et comment s'y prendre pour que son action soit jugée acceptable ou même souhaitable dans son milieu.

Il est cependant important de se rendre compte qu'en apprenant à suivre les règles, nous apprenons en même temps qu'elles sont incontournables et qu'elles sont en soi toujours justes et appropriées. Les règles ont alors sur nous une influence qu'il devient difficile de remettre en question. Et alors qu'elles ont été initialement conçues pour nous aider ou nous guider, elles peuvent finir par nous enfermer dans des principes qui n'ont plus de raison d'être.

Le danger de la règle, ce n'est pas, en soi, de la suivre mais plutôt de le faire sans discernement et de croire aveuglément en son utilité. La majorité des entreprises auraient grandement avantage à revoir une bonne partie des règles qui régissent leur fonctionnement et leur croissance. À titre d'exemple, une entreprise de vente dans le secteur des appareils électroménagers s'est aperçue qu'elle obligeait toujours ses représentants à préparer chaque mois un relevé complet de l'ensemble de leurs ventes. Pourtant, le nouveau système de contrôle informatisé installé trois ans plus tôt rendait ce travail superflu et inutile puisqu'il donnait accès à toutes ces informations. Dans le même ordre d'idées, bon nombre d'entreprises devraient revoir l'utilité de tous les formulaires qui sont imposés aux employés et aux clients, car bon nombre risquent d'être devenus de peu d'utilité au fil des ans.

Il arrive souvent qu'une règle ait initialement été adoptée pour répondre à certains besoins ou à certaines exigences. **Les années passent, le monde évolue, le marché change et les facteurs de succès se transforment... Mais la règle demeure, même si ce qui en a motivé l'apparition a complètement cessé d'être pertinent.** La règle continue d'influencer les agissements des employés, alors qu'elle n'est même plus appropriée ou, pire, qu'elle est devenue nuisible.

La règle est un redoutable ennemi de la créativité. Les entreprises les plus innovatrices sont justement celles qui se sont permis d'abandonner les règles devenues inutiles et les façons de faire traditionnelles, pour expérimenter et créer de nouvelles approches, des nouveaux processus ou de nouveaux produits ou services. Elles ne craignent pas l'individu original, qui conteste l'ordre établi et remet les règles en question lorsque les conditions du milieu évoluent. Enfin, leur culture est tolérante par rapport aux écarts et à la déviance positive des individus créatifs qui participent à son développement.

1.4 CONCLUSION

Il aurait été possible de décrire d'autres freins à la créativité, plus directement liés à la personnalité de l'individu, tels que la peur du ridicule, le besoin de sécurité, le conformisme, le stress, etc. Nous avons plutôt choisi de nous limiter ici à ceux qui se traduisent par des attitudes « créaticides » dans bon nombre d'entreprises.

Après avoir fait le tour du concept même de créativité, de ses caractéristiques et de ses conditions de développement, on n'est pas encore au bout du chemin qui mène à l'entreprise où les idées sont nombreuses et fécondes. On se demande encore comment aborder ce voyage difficile vers une plus grande créativité. Comment peut-on utiliser la créativité pour résoudre des problèmes ? Comment peut-on amener les employés à générer plus d'idées ? Comment s'assurer que le potentiel créateur de chacun est mis au service de la collectivité ? Voilà quelques questions qui sont au cœur même du chapitre qui suit.

2
Comment semer le germe
de la créativité

*L'expérience est une lanterne dans le dos qui
n'éclaire que le chemin parcouru.*

Confucius

Comme nous avons pu le voir dans le chapitre précédent, la créativité
dans l'organisation est un processus qui conduit à la production
d'idées nouvelles, originales et utiles par un individu ou un groupe
travaillant ensemble. Il s'agit d'un processus extrêmement important,
puisque l'innovation ne peut naître que d'une telle démarche. Mais
après avoir fait le tour du « quoi », il faut s'intéresser au « comment ? »
C'est précisément à cette dernière question que se consacre le présent
chapitre.

Dans un premier temps, nous nous pencherons sur les facteurs
de créativité dans l'organisation. Ensuite, nous présenterons quelques
outils pratiques et différents moyens qui sont à la portée de l'entreprise, quelle qu'en soit la taille, qui veut entreprendre le voyage vers
une plus grande créativité.

2.1 FACTEURS INFLUENÇANT LA CRÉATIVITÉ

Comme on a pu le voir dans le chapitre précédent, la créativité n'est
pas réservée à quelques individus privilégiés, doués d'un talent particulier à cet égard. Chacun de nous en porte en lui une certaine dose et
son émergence dépend surtout des efforts conscients que nous sommes
prêts à consentir pour devenir une personne plus créative. Partant de

là, il est approprié de s'éloigner des attitudes qui freinent la créativité, pour s'intéresser au développement de cette faculté. Quels sont les facteurs qui motivent le plus un individu à utiliser sa créativité dans l'exercice de ses fonctions? Quelles sont les raisons qui le poussent à créer et à inventer?

Une étude réalisée par Amabile et Gryskiewvicz[1] auprès d'un groupe d'individus exécutant des tâches requérant une bonne dose de créativité a permis de mettre en évidence deux grands groupes de facteurs favorisant le développement de cette faculté. Ces facteurs sont regroupés et présentés dans le tableau 2.1. On peut y constater que la créativité individuelle est influencée à la fois par des caractéristiques personnelles et des caractéristiques de l'organisation ou du milieu où travaille l'individu. Il mérite cependant d'être commenté.

Tableau 2.1

Facteurs qui favorisent la créativité

Facteurs liés à l'individu	Facteurs liés au milieu
1. Traits de personnalité (41 %)	1. Liberté et autonomie (74 %)
2. Automotivation (40 %)	2. Présence d'un leader enthousiaste (65 %)
3. Habiletés cognitives (38 %)	3. Ressources suffisantes (52 %)
4. Goût du risque (34 %)	4. Climat stimulant (47 %)
5. Expérience dans le domaine (33 %)	5. Diiverses caractéristiques organisationnelles (42 %)
6. Qualités du groupe d'action (30 %)	6. Valorisation de la créativité (35 %)
7. Diversité de l'expérience (18 %)	7. Temps d'exploration suffisant (33 %)
8. Habiletés sociales (17 %)	8. Présence d'un défi (22 %)
9. Intelligence (13 %)	9. Pression et sentiment d'urgence (12 %)
10. Naïveté (13 %)	

Note : les nombres entre parenthèses indiquent le pourcentage d'individus qui ont mentionné ce facteur au moins une fois.

Source : Traduit et adapté de T. Amabile, « A model of creativity and innovation in organizations », *Research in Organizational Behavior*, vol. 10, 1988, p. 128 et 147.

---

1. Amabile, T.M. et S.S. Gryskiewicz, *Creativity in the R & D Laboratory*, Technical Report no. 30, Greensboro, N.C.: Center for Creative Leadership, 1987.

Parmi les facteurs liés à l'individu, il semble que les traits de personnalité soient une source de créativité très importante. Ces traits personnels sont des caractéristiques telles que la curiosité, la persévérance, l'intérêt à résoudre des problèmes, l'énergie et l'honnêteté intellectuelle. L'automotivation apparaît au deuxième rang comme facteur d'influence. L'entreprise peut donc avoir avantage à rechercher ce type de profil personnel pour des fonctions exigeant une certaine dose de créativité.

Quant aux facteurs liés à l'organisation qui sont mentionnés par les individus comme ayant influencé leur créativité, on constate que trois ont été cités par plus de 50 % des répondants. Ce sont, dans un ordre décroissant, la liberté et l'autonomie au travail, la présence d'un leader stimulant et enthousiaste ainsi que des ressources suffisantes (il peut s'agir ici de matériel, d'équipement, d'informations ou de ressources financières). Il est étonnant que la reconnaissance manifestée par des récompenses symboliques ou matérielles n'apparaisse qu'au sixième rang.

De façon plus globale, il est intéressant de constater que les facteurs organisationnels ont été mentionnés d'emblée beaucoup plus fréquemment par les sujets que ceux liés à des qualités personnelles. Faut-il en conclure que le milieu a beaucoup plus d'impact sur la créativité des individus que leur propre personnalité ? Pas nécessairement. Mais à partir du moment où les entreprises sélectionnent dès le départ des personnes présentant bon nombre d'aptitudes personnelles pour la créativité, ce sont ensuite les facteurs environnementaux internes et externes qui encourageront ou dissuaderont les individus à exploiter le potentiel de créativité dont ils sont porteurs.

2.2 CRÉATIVITÉ ET PRISE DE DÉCISION

Chaque jour, les individus qui construisent le quotidien et l'avenir des entreprises doivent prendre de nombreuses décisions. Certaines peuvent assez facilement être prises à partir des modèles traditionnels de prise de décision fondés sur une certaine logique. Bon nombre de décisions peuvent aussi être inspirées de politiques spécialement élaborées à cette fin, surtout lorsqu'il s'agit de situations fréquentes et/ou répétitives. Ces décisions sont souvent dites *programmées*; on peut en effet prévoir leur apparition et leur *fréquence* dans l'organisation et, en conséquence, concevoir aussi à l'avance un ensemble de réponses appropriées. Le traitement des comptes en souffrance, la gestion des griefs en relation de travail, la réaction aux plaintes des clients et l'attribution des budgets ne sont que quelques exemples de situations qui conduisent généralement à des décisions programmées.

Certaines décisions peuvent plus difficilement faire l'objet d'un tel processus. Il s'agit, la plupart du temps, de décisions inhabituelles, moins fréquentes et qui dépendent d'un contexte beaucoup plus incertain. Ces décisions doivent être prises parce qu'un problème ou une contrainte imprévue appelle une réaction rapide de l'entreprise, parce que l'environnement externe a changé, ou est en voie de changer, ou parce que l'entreprise doit faire des choix ou des changements importants quant à ses produits, ses processus ou ses marchés. Il s'agit souvent de décisions de type stratégique, au sens où elles peuvent avoir un impact considérable sur le succès ou l'évolution même de l'entreprise.

Le choix d'une nouvelle technologie, l'orientation vers un nouveau marché, la sélection d'un type de financement, l'évaluation d'une occasion de croissance et la réponse à une occasion imprévue sont autant d'exemples qui requièrent des décisions non programmées. Il s'agit de situations comportant généralement une bonne dose d'inconnu et d'incertitude et pour lesquelles on n'a jamais toute l'information nécessaire pour explorer rationnellement toutes les possibilités. Dans le même ordre d'idées, il peut s'avérer difficile d'estimer objectivement les conséquences de ces choix et l'impact qu'ils auront effectivement sur l'organisation.

Dans ce type de décisions, où le défi consiste souvent à sonder l'impondérable, la logique et la rationalité risquent d'être des aides bien peu efficaces si elles ne s'accompagnent pas d'une bonne dose d'intuition et de créativité. Simon[2] décrit d'ailleurs abondamment l'importance de l'intuition dans le processus de décision. Il prône les processus non logiques pour certaines décisions. Selon lui, la flexibilité et la possibilité de jongler avec l'incertitude, en réglant des problèmes nouveaux ou qui ne se sont jamais produits auparavant, fait la force même de la prise de décision intuitive.

Malheureusement, ces principes sont trop fréquemment oubliés dans la multitude de décisions qui doivent être prises quotidiennement dans les entreprises. Obnubilés par certaines attitudes (par

---

2. Simon, H., « Making management decisions : The role of intuition and motion », *Academy of Management Executive*, février 1987, p. 57-64.

exemple, la surestimation du spécialiste et la confiance abusive dans la logique, dont nous avons traité dans le chapitre précédent), on a facilement tendance à croire qu'on peut rassembler toutes les informations et connaissances nécessaires pour parvenir à des solutions optimales. La réalité nous rattrape tout aussi facilement, en démontrant qu'on peut au mieux déterminer des solutions satisfaisantes au regard des contraintes et de l'insuffisance fréquente d'informations appropriées auxquelles nous sommes généralement confrontés.

Le processus de prise de décision

Le processus de décision comporte trois grandes étapes, qui sont parfois formulées dans des termes différents mais qui constituent l'essentiel de la démarche. Ce sont, dans l'ordre :

1) la formulation et/ou la définition du problème,

2) la production d'un éventail de solutions possibles,

3) l'évaluation des possibilités et le choix d'une solution.

Ce sont essentiellement les deux premières étapes de ce processus qui bénéficieraient d'attitudes et de comportements plus créateurs de la part du ou des décideurs concernés. Nous examinerons donc chacune de ces étapes, en mettant en parallèle les attitudes fréquemment adoptées dans la réalité pour les aborder ainsi que les moyens à envisager pour élargir et enrichir notre démarche afin de la rendre plus créatrice et plus fertile.

La première étape, en l'occurrence celle de la formulation ou de la définition du problème, est l'une des plus cruciales et des plus importantes. Et pourtant, dans la réalité, c'est celle qu'on semble avoir le plus tendance à négliger. Le problème est malheureusement fréquemment énoncé de façon expéditive et sommaire, comme si on voulait tout de suite passer à l'étude des solutions possibles. Il s'agit d'une attitude fort contestable puisque tout le reste du processus est largement dépendant de la réussite de cette première étape. Il n'y a pas de pire décision qu'une bonne décision prise à partir d'un problème mal posé. En outre, Einstein avait probablement raison lorsqu'il disait qu'« un problème sans solution est un problème mal posé ».

L'énoncé initial du problème est en lui-même crucial, car il conditionne en grande partie la nature et le type des réponses qu'on envisagera pour le résoudre. À cet égard, changer le type de questions que l'on se pose peut déboucher sur des solutions originales et créatrices auxquelles on n'aurait jamais songé autrement.

Von Oech[3] rapporte une anecdote un peu bizarre qui illustre très bien cette dernière affirmation. Il raconte qu'il y a plusieurs siècles, une étrange épidémie de peste frappa un petit village de Lituanie. Les individus touchés tombaient dans un coma profond et la plupart mouraient dans les vingt-quatre heures. Un jour, on découvrit que quelqu'un avait été enterré vivant. Un premier groupe d'habitants du village se réunirent et proposèrent de remédier à un tel risque en plaçant de la nourriture et de l'eau dans le cercueil et en reliant ce dernier à la surface par un conduit d'aération. Il s'agissait d'une solution trop coûteuse et on décida de confier le problème à un deuxième groupe. Ce dernier étudia la situation et proposa plutôt de fixer un pieu de trente centimètres à l'intérieur du couvercle de chaque cercueil, juste au-dessus du cœur de la victime. Celle-ci, dans un coma profond, ne souffrirait pas et mourrait nécessairement au moment où on refermerait le cercueil si elle n'était pas déjà morte.

Comme le souligne Von Oech, ce qui différenciait les deux solutions, c'était la question que s'était posée les deux groupes. Le premier groupe avait posé le problème en se demandant : « Que devons-nous faire au cas où quelqu'un serait enterré vivant ? » Le second groupe, quant à lui, se demandait plutôt : « Comment pouvons-nous être certains que tous ceux que nous enterrons sont bien morts ? »

On pourrait trouver plusieurs illustrations du même phénomène en contexte organisationnel. À titre d'exemple, voici une anecdote racontée par le directeur général d'une entreprise. Ayant constaté une baisse importante et constante du volume des ventes au cours de la dernière année, il soumit le problème à différents groupes concernés. Une équipe des services de commercialisation mit alors en cause la motivation et les modes de rémunération des vendeurs. Le comité syndical pour sa part appréhenda un problème de maintien des emplois à moyen et long terme. Quant au conseil d'administration, il mit plutôt l'accent sur une remise en cause fondamentale des clientèles traditionnellement visées par l'entreprise. Autant de cadres différents utilisés pour situer un problème, qui risquent de déboucher sur des solutions de redressement tout aussi différentes.

---

3. Von Oech, R., *Créatif de choc*, Paris : Presses Pocket, 1986.

Ces exemples illustrent parfaitement l'influence qu'a la façon de poser une question sur le genre de solutions qui seront envisagées pour tenter de la résoudre. Ce constat ne peut que nous inciter à élargir notre questionnement et notre exploration lorsque nous tentons de cerner un problème donné. Dans le premier chapitre, nous soulignions l'importance de ne pas s'arrêter à la première bonne réponse que l'on trouve, mais il est tout aussi crucial de ne pas arrêter sa recherche dès qu'on a trouvé une question qui semble acceptable.

Il importe également de demeurer vigilant face à différents biais, que Schwenk[4] a fréquemment observés chez les décideurs à cette étape de la définition du problème. Certains de ces biais constituent une entrave importante à l'émergence de la créativité. Le premier de ces biais est l'ancrage, qui est la tendance du décideur à se forger trop rapidement une opinion et à demeurer trop étroitement attaché à ce jugement initial. Dans un tel cas, le problème est très rapidement formulé et on a tendance à ignorer tous les signaux qui pourraient suggérer qu'on s'est trompé ou qu'on a trop superficiellement défini le problème. Le décideur est alors peu sensible à l'information nouvelle et divergente et il n'accepte pas facilement les arguments qui l'écarteraient de son jugement premier ou qui remettraient en cause sa justesse ou sa cohérence.

Le raisonnement par comparaison constitue un autre biais chez le décideur. Il se traduit par une tendance à transposer des cas connus simples à des cas complexes. Faisant face à un problème donné, on tient par exemple trop facilement pour acquis que la situation présente plusieurs similitudes avec une situation rencontrée auparavant, sans réaliser que la complexité de la nouvelle problématique dépasse de beaucoup celles auxquelles nous nous référons pour la définir ou la formuler. Il est aussi possible qu'un problème présente effectivement des similitudes importantes avec une situation vécue, mais qu'en même temps le contexte ou l'environnement aient tellement changé qu'il soit devenu impossible de transposer les solutions envisagées de l'une à l'autre.

De façon générale, une certaine inertie intellectuelle peut aussi nous rendre moins enclins à explorer une problématique en profondeur, de façon à bien en cerner tous les aspects. Un problème n'est jamais aussi simple qu'il y paraît. Dans la mesure où toutes les composantes

---

4. Schwenk, C.R., « Cognitive simplification processes in strategic decision-making », *Strategic Management Journal*, vol. 5, 1984, p. 111-128.

d'une organisation ont une influence les unes sur les autres, un problème a souvent plusieurs sources, plusieurs causes. Il faut par conséquent résister à la tentation de laisser de côté un problème aussitôt qu'on est parvenu à une formulation qui semble plausible et appropriée.

Pour éviter ces pièges, on peut d'abord décider, dès le début du processus, qu'un temps de réflexion assez important sera consacré à cette première étape. La détermination de la durée précise de cet exercice de réflexion dépend du type de problème à solutionner. Par exemple, s'il s'agit de trouver de nouveaux marchés pour un produit en perte de vitesse, il faudra sans doute prévoir une période assez longue (quelques mois en l'occurrence) pour que toutes les personnes impliquées dans la formulation du problème aient eu le temps d'y réfléchir, en tentant de bien saisir l'environnement. Par contre, s'il s'agit d'un problème de nature technique, comme l'exploration de nouveaux outils de travail, quelques jours ou quelques semaines peuvent suffire.

Il serait souhaitable également que des individus qui sont étrangers à la problématique puissent participer à la formulation du problème. Ils pourraient amener le groupe à voir des aspects qu'il aurait eu tendance à ignorer ou à écarter. Ils sont également susceptibles d'élargir le champ de vision, en forçant les spécialistes du domaine à étudier le problème en dépassant les limites de leur vision habituelle des choses.

Quant à la deuxième étape du processus de décision, la production d'un éventail de solutions possibles, le principal biais observé chez le décideur est celui qui consiste à favoriser prématurément une solution, préférée d'emblée. Dans un tel cas, le nombre de solutions élaborées demeure restreint et restrictif. Le décideur privilégie souvent une solution *a priori* et a alors tendance à ne voir que les inconvénients des autres solutions. Il risque de surestimer les avantages de la solution qu'il préfère et de négliger, pas toujours consciemment, d'en faire une évaluation juste.

Pour éviter une telle situation, on aurait avantage à élargir considérablement l'éventail et la variété des solutions envisagées. Il peut également être souhaitable de faire participer plusieurs groupes, de composition variée, à la résolution des problèmes, de façon à multiplier les points de vue à partir desquels seront abordées les différentes solutions possibles. Dans le même ordre d'idées, chacun des membres d'un groupe de décision peut être invité à jouer le rôle « d'avocat du diable », chacun intervenant en alternance pour critiquer une idée donnée. Un tel exercice peut permettre d'éviter un consensus hâtif sur une solution particulière, de toute évidence préférée dès le départ par le groupe.

Nous terminerons avec la troisième étape du processus, celle de l'évaluation des possibilités et du choix d'une solution. La façon traditionnelle proposée pour la réaliser consiste à dresser la liste des inconvénients, contraintes et avantages associés à chacune des solutions envisagées, de manière à pouvoir choisir celle dont le potentiel est le plus prometteur. Busse et Mansfield[5], qui ont fait l'analyse d'une vaste gamme de processus créateurs, proposent d'enrichir cette étape en y ajoutant l'exploration systématique de la possibilité de transformer certaines contraintes, au lieu de les considérer de fait comme incontournables ou négatives en elles-mêmes. Une contrainte transformée peut dans certains cas devenir contournable ou même constituer une opportunité. Ainsi, par exemple, l'action d'un concurrent qu'on juge menaçante face à un choix de croissance possible pourrait se transformer en une opportunité si on trouvait une façon de s'y associer ou si on pouvait découvrir un moyen de la contrecarrer. En essayant de modifier la nature et l'impact des différentes contraintes liés au choix d'une possibilité, on risque de déboucher sur une solution véritablement créative.

De façon plus globale, tout groupe de décision qui se veut novateur et créatif devrait systématiquement s'astreindre à remettre en question ses hypothèses de départ et ses idées reçues. Les connaissances acquises et une grande expérience dans un type de problème particulier sont en effet susceptibles de conduire un groupe de décision à tenir pour acquises certaines données et à négliger certains aspects importants du problème. Les présomptions peuvent alors être si nombreuses que des raccourcis imprudents seront pris, empêchant ainsi l'émergence d'une solution nouvelle et créative.

2.3 POUR DES ÉQUIPES DE TRAVAIL PLUS CRÉATIVES

Qu'il s'agisse d'une décision à prendre, d'une démarche à élaborer ou d'un projet à gérer, la composition d'une équipe de travail a beaucoup d'influence sur le degré de créativité qu'on y trouvera. Nous avons

---

5. Busse, T. et R. Mansfield, « Theories of the creative process : A review and a perspective », *Journal of Creative Behavior*, 1980, p. 91-103.

d'ailleurs déjà souligné l'importance de prévoir une certaine hétérogénéité des équipes en matière de spécialisation pour permettre une
perspective élargie et plus riche. Mais cette hétérogénéité des équipes
doit également être recherchée sur d'autres plans, entre autres celui
des types de personnalités et des modes de perception et d'apprentissage.

Les deux hémisphères du cerveau ont des fonctions différentes,
mais tout aussi importantes l'une que l'autre et complémentaires[6].
L'hémisphère gauche est le centre de la parole. Il privilégie l'écriture,
la logique, l'abstraction et s'intéresse aux détails. L'hémisphère droit
concerne plutôt la pensée sans langage, le rêve, l'imagination et l'émotion : l'ensemble y est privilégié au détriment des détails.

Partant de ces connaissances, Ned Herrmann[7] a subdivisé le
cerveau en quatre quadrants, qui constituent des zones de spécialisations et d'aptitudes différentes. Selon lui, chacun de nous a appris à
se servir d'une de ces quatre zones de façon privilégiée et en arrive par
conséquent à développer des « préférences » cérébrales particulières,
d'où l'expression « dominance cérébrale ». La figure 2.1 présente un
bref aperçu de ces préférences cérébrales par quadrants.

Comme on peut le constater, chacun des quadrants présente un
ensemble d'intérêts bien ciblé. L'individu qui a une préférence cérébrale pour le quadrant A privilégie entre autres l'abstrait, les théories,
les informations factuelles et l'analyse des données. Il préconise
d'abord une pensée logique. L'individu du quadrant B aura pour sa
part tendance à centrer son intérêt sur l'aspect pratique des choses. Il
aime ordonnancer les éléments, établir des procédures et planifier et
organiser un processus donné. Quant à l'individu du quadrant C, il est
plutôt intéressé par tous les aspects liés aux relations interpersonnelles
et, plus généralement, à la sensibilité, à l'émotivité et à l'intuition. Il
« ressent » les choses. Enfin, l'individu du quadrant D s'inscrit dans
une perspective beaucoup plus intuitive, visualisatrice et concep-
tuelle. Il s'intéresse plus aux possibilités qu'aux faits et aux théories.

---

6. Cette théorie a été développée grâce aux recherches du professeur Sperry sur le
   fonctionnement bilatéral du cerveau, recherches qui ont été couronnées par un
   prix Nobel en 1981.

7. Ned Herrman a conçu un modèle pour expliquer l'influence de nos préférences
   cérébrales sur nos choix d'activités professionnelles et notre créativité dans l'exercice de nos fonctions. Sa théorie est ici très brièvement exposée et le lecteur intéressé à en faire usage consultera son ouvrage *Les dominantes cérébrales et la
   créativité*, publié chez Retz en 1992.

Figure 2.1

Les préférences cérébrales des individus par quadrant

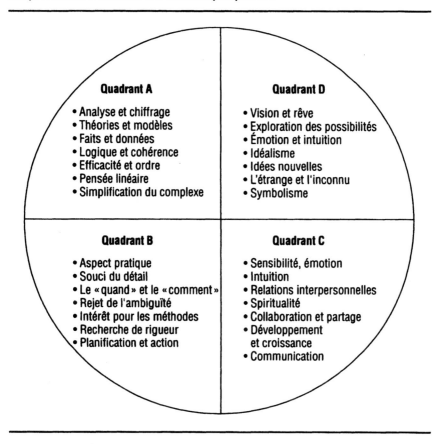

Quadrant A

- Analyse et chiffrage
- Théories et modèles
- Faits et données
- Logique et cohérence
- Efficacité et ordre
- Pensée linéaire
- Simplification du complexe

Quadrant D

- Vision et rêve
- Exploration des possibilités
- Émotion et intuition
- Idéalisme
- Idées nouvelles
- L'étrange et l'inconnu
- Symbolisme

Quadrant B

- Aspect pratique
- Souci du détail
- Le «quand» et le «comment»
- Rejet de l'ambiguïté
- Intérêt pour les méthodes
- Recherche de rigueur
- Planification et action

Quadrant C

- Sensibilité, émotion
- Intuition
- Relations interpersonnelles
- Spiritualité
- Collaboration et partage
- Développement et croissance
- Communication

Quoi qu'il en soit, ce sont les implications de ce type d'approche qui nous intéressent plus particulièrement ici. Tout d'abord, revenons au processus de créativité présenté dans le chapitre précédent. On se souviendra qu'il comporte quatre principales étapes qui sont, dans l'ordre, la préparation, l'incubation, l'illumination et la vérification. Une relation intéressante peut être établie entre ces différentes étapes et l'approche de Herrman (voir figure 2.2). En effet, on peut penser que les individus ayant des préférences cérébrales dans les quadrants A et B seront plus productifs et plus utiles à la première et à la dernière étape du processus, soit la préparation et la vérification. En effet, ce sont des étapes où les faits, la logique, les éléments factuels ou procéduraux sont particulièrement importants. Il faut recueillir de l'information, effectuer des comparaisons, ordonnancer d'une certaine façon les activités.

Figure 2.2

Apport des différents quadrants au processus de créativité

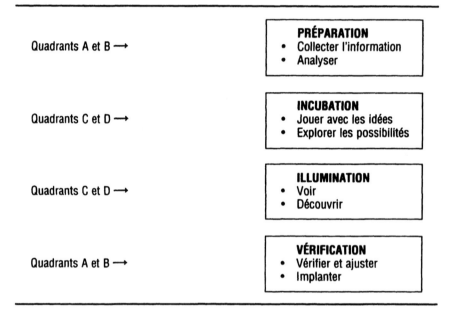

Quadrants A et B →

PRÉPARATION
- Collecter l'information
- Analyser

Quadrants C et D →

INCUBATION
- Jouer avec les idées
- Explorer les possibilités

Quadrants C et D →

ILLUMINATION
- Voir
- Découvrir

Quadrants A et B →

VÉRIFICATION
- Vérifier et ajuster
- Implanter

Pour les deuxième et troisième étapes du processus, soit l'incubation et l'illumination, la contribution d'individus manifestant des préférences dans les quadrants C et D devrait être plus productive. Il s'agit en effet ici d'utiliser ses émotions, son intuition et sa capacité à « ressentir », pour pouvoir aller bien au-delà de ce que la théorie ou les faits, pris isolément et dans leur ensemble, permettent d'entrevoir.

De telles considérations suggèrent l'idée qu'une entreprise pourrait tirer profit à varier la composition de ses équipes de créativité, selon l'étape du processus. Illustrons cette dernière possibilité par un exemple concret. Une entreprise désire créer une nouvelle gamme de produits, mais ne sait pas trop comment s'y prendre. Pour la première étape, la préparation, une équipe composée majoritairement d'individus du quadrant A^8 pourrait avoir la tâche d'aller recueillir des informations sur les besoins des clients actuels ou éventuels, de rassembler des renseignements sur les produits offerts ou en cours de conception chez les principaux concurrents et d'obtenir des données qui permettent de dégager les grandes tendances pour le futur dans le type de produits concernés.

Quant aux étapes de l'incubation et de l'illumination qui sont difficilement séparables l'une de l'autre, elles pourraient être confiées à une équipe composée principalement d'individus des quadrants C et D, à laquelle on intégrerait quelques individus ayant participé aux étapes précédentes, pour assurer un suivi. Leur tâche serait d'utiliser les informations et les données recueillies pour tenter de voir les possibilités qu'elles suggèrent et déboucher sur une proposition concrète de nouveaux produits à mettre au point ultérieurement. Enfin, en ce qui concerne l'étape finale de vérification ou d'application de l'idée, il est évident qu'elle ne peut que gagner à être confiée à des individus du quadrant B. S'intéressant d'abord aux processus, au fonctionnement des choses et au « comment », ils seront probablement motivés à exercer leur créativité dans ce type de préoccupations.

Une telle façon de procéder ne doit pas faire oublier l'importance d'éviter les groupes trop homogènes. Il faut voir à éviter que chacune des équipes soit composée **exclusivement** d'individus d'un quadrant donné. Si les groupes ne sont pas homogènes, les uns auront besoin d'être invités à l'occasion à s'éloigner des faits bruts pour élargir leur perspective, tandis que les autres auront plutôt besoin qu'on les empêche de se perdre dans l'infini des possibilités et qu'on les ramène les pieds sur terre. L'idée est en fait de placer dans chacune des équipes un plus grand nombre d'individus d'un quadrant donné, selon l'étape à laquelle on se trouve dans le processus.

De façon plus générale, l'entreprise peut avoir intérêt à varier la composition des équipes de travail à qui elle confie des tâches exigeant une certaine dose de créativité. Certains individus accordent beaucoup d'importance aux faits, à ce qui existe déjà, tandis que d'autres sont plus stimulés par l'exploration de ce qui pourrait être. Et lorsque les premiers seront tentés de vouloir réexaminer les données et les faits relatifs à un problème ou à une situation, les derniers auront plutôt tendance à se demander s'il n'y aurait pas d'autres possibilités.

---

8. Pour pouvoir identifier les individus de chaque quadrant, Ned Herrman propose différents outils dans l'ouvrage cité précédemment.

Dans le même ordre d'idées, certaines personnes ont tendance à s'intéresser au « comment », alors que d'autres préfèrent explorer le « pourquoi ». Certains encore s'intéressent particulièrement à l'aspect humain d'un problème, en s'interrogeant sur les réactions possibles à un processus, contrairement à d'autres qui privilégieront les aspects matériels, techniques et procéduraux des problèmes. Les groupes et les équipes devraient être composés d'individus ayant des profils personnels et des intérêts différents, de façon à ce que chaque problème que l'on traite soit abordé avec la plus large perspective possible. Toutes les questions, « quoi », « avec qui », etc., doivent pouvoir être posées en relation les unes avec les autres.

2.4 QUELQUES OUTILS ET TECHNIQUES DE CRÉATIVITÉ

Les techniques et outils qui peuvent être utilisés pour stimuler la créativité dans les groupes et équipes de travail sont nombreux et variés. Certains, bien entendu, sont plus susceptibles que d'autres de pouvoir être utilisés avec succès dans un contexte organisationnel. Cette section propose d'examiner quelques-uns de ceux qui peuvent être facilement utilisés par des gestionnaires ou des animateurs d'équipes de travail soucieux d'augmenter la fertilité créatrice de leur groupe.

2.4.1 *Le* brainstorming

Origine et nature de la technique

C'est Osborn, un grand spécialiste de la créativité, qui est à l'origine de cette technique, une des plus connues et des plus populaires pour favoriser l'émergence d'idées créatrices dans un groupe. Alors qu'il était directeur d'une agence de publicité américaine, au début de sa carrière, Osborn s'intéressait beaucoup à la dynamique des groupes. Il décida alors de mettre sur pied des groupes de travail ayant pour tâche de trouver des thèmes de campagnes publicitaires, des slogans promotionnels et de nouveaux noms de produits pour les clients de son agence.

Ses lectures sur la dynamique des groupes l'ayant persuadé que ces derniers devraient généralement être plus productifs qu'un individu à cause de l'effet de synergie qu'on y trouve, il avait beaucoup d'espoir dans les performances des équipes qu'il avait mises sur pied.

Il fut pourtant très déçu des résultats et se mit à observer le travail de ses équipes. Il constata que relativement peu d'idées étaient émises. En effet, les participants avaient tendance à critiquer d'emblée toute nouvelle idée qui n'avait pas été mise à l'épreuve et à la discréditer. Rapidement, les membres du groupe en arrivaient à se taire et à éviter d'énoncer toute idée susceptible de provoquer le refus ou les sarcasmes des autres.

C'est alors qu'il décida de concevoir une méthode de production d'idées, pour tenter de contrecarrer cette tendance presque naturelle qui amène les individus à critiquer et à tuer dans l'œuf toute idée qui ne leur est pas familière ou qui ne cadre pas avec leur environnement habituel. Cette méthode, le *brainstorming*, consiste à prévoir l'exploration d'idées sur un thème donné, en la répartissant sur deux périodes distinctes. Cette exploration se fonde sur deux grands principes de base :

1. L'idéation est plus fertile si on trouve une façon d'exclure systématiquement la critique spontanée.

2. Plus le nombre d'idées émises est élevé, plus les chances sont grandes de voir émerger des idées originales et intéressantes.

Le *brainstorming*, s'inspirant de ces deux principes, propose donc un processus d'idéation en deux étapes, ce qui permet aux participants d'exprimer d'abord librement leurs idées, sans crainte qu'elles soient jugées, refusées ou ridiculisées par les autres. Ce n'est que dans une deuxième étape du processus qu'on effectuera un choix, un tri et qu'on combinera certaines des idées émises pour en générer de nouvelles.

La première étape du processus est à la fois la plus importante et la plus créatrice. Partant d'un problème ou d'un thème donné, les participants de l'équipe d'idéation sont invités à émettre librement toutes les idées qui leur viennent spontanément pour résoudre ou enrichir le sujet à l'étude. Le tableau 2.2 présente d'ailleurs les quatre grandes règles de fonctionnement du groupe, qui doivent faire l'objet de consignes précises, expliquées par l'animateur dès le début du processus. Comme on l'a vu, tout jugement critique est exclu, tant de la part des participants que de celle de l'animateur. Celui-ci est d'ailleurs tenu de noter **toutes**[9] les idées, alors qu'en d'autres circonstances il pourrait

---

9. Il faudrait cependant préciser ici : « toutes les idées qui ont un lien pertinent avec le thème à l'étude ». Le *brainstorming* est toujours prévu pour une recherche d'idées ciblée autour d'une préoccupation particulière.

avoir tendance à en éluder certaines parce qu'elles proviennent d'individus avec qui il a peu d'affinités ou qu'elles lui semblent trop farfelues.

Tableau 2.2

Quatre grandes règles du *brainstorming*

1. Tout jugement critique est exclu à la première étape.
2. On vise la plus grande quantité d'idées possible.
3. L'imagination la plus folle est la bienvenue.
4. On vise la combinaison et l'amélioration des idées qui sont émises.

La deuxième règle concerne la grande quantité d'idées attendue. Plus le nombre d'idées est grand, plus la probabilité d'un avoir de bonnes et d'originales est grande. D'ailleurs, on peut penser que les 30, 40 ou 50 dernières idées émises ont des chances d'être meilleures que les premières. En effet, les membres du groupe sont alternativement stimulés et interpellés par les idées des autres. Par exemple, une idée d'un participant peut en suggérer une autre à quelqu'un qui n'y aurait jamais songé en d'autres circonstances. Certaines idées seront enrichies par une suggestion. La synergie des idées et leur interaction génère toujours plus d'idées, et de meilleures idées.

En troisième lieu, on déclare que l'imagination la plus folle est la bienvenue. Toutes les idées sont recevables, même celles qui semblent les plus inusitées et les plus farfelues à première vue. On invite donc les participants à énoncer tout ce que normalement ils auraient tendance à refouler au fond d'eux-mêmes, et à le faire avec assurance. On peut enfin oublier d'être réaliste, braver les interdits et ne plus se soucier de l'intelligence et de la logique de ses propos. C'est cependant là une révolution sur le plan de la méthode qui ne peut s'articuler que dans un climat permissif et favorable. L'animateur du groupe est le premier responsable de l'établissement de ce climat, d'où l'importance d'éviter que ce rôle soit joué par un individu en relation d'autorité avec les participants, qui pourrait être tenté de freiner les idées de certains subalternes.

Enfin, la quatrième règle vise une recherche d'amélioration et de combinaison des idées émises. En plus d'énoncer leurs propres idées, les participants sont invités à tenter d'améliorer celles des autres ou de les combiner. L'animateur pourrait dans ce cas leur demander de claquer des doigts plutôt que de lever la main comme ils le font pour proposer une idée, et leur donner la parole en priorité, puisque le but premier de cette étape est de relier plusieurs idées ou de les raffiner.

La deuxième étape du processus doit être précédée par un travail préparatoire de l'animateur ou du responsable du groupe. À partir d'une liste exhaustive des idées formulées, ce dernier les classe par catégories logiques, soit de ressemblance, d'utilité, de connexité ou de complémentarité. Une analyse de la liste révèle habituellement très rapidement un certain nombre de catégories, qui variera de 5 à 10 grandes classes. Lors de la rencontre avec les participants, cette liste d'idées par catégories est passée au crible, pour choisir les idées les plus fécondes, et les meilleures sont développées plus en profondeur ou combinées avec d'autres si la nécessité s'en fait sentir.

Quelques principes de fonctionnement

Un premier principe concerne le nombre de participants suggéré pour assurer un fonctionnement maximal du groupe. Bien qu'il n'y ait pas unanimité à ce sujet, on suggère généralement un groupe composé de 7 à 12 personnes. En fait, il faut qu'il y ait suffisamment de personnes pour assurer un certain rythme des interventions et une costimulation des esprits, mais en même temps il faut éviter un trop grand groupe, où les membres auraient moins tendance à s'exprimer.

Un deuxième principe concerne la composition du groupe. Il serait inapproprié ici de se fonder sur l'approche des quatre quadrants dont nous avons traité précédemment pour déterminer la liste des participants. Le *brainstorming* requiert en effet qu'on puisse compter sur différents types de profils pour s'assurer d'une variété de champs d'intérêt. Le type de participant devrait plutôt être déterminé par la nature du problème à résoudre ou le sujet à explorer. Par exemple, s'il s'agit pour une entreprise de trouver le thème d'une campagne publicitaire, le groupe pourrait être constitué de publicistes, de clients, de représentants des ventes et de spécialistes en communication. La même séance d'idéation pourrait aussi être tenue avec deux ou trois groupes différents pour la première étape du processus, en s'assurant cependant d'y conserver quelques membres permanents et le même animateur pour tout le processus.

Un troisième principe consiste à utiliser le *brainstorming* pour explorer un sujet très bien défini. Il faut éviter de s'attaquer en même temps à plusieurs aspects d'un même problème. Ainsi, on ne devrait pas confier au groupe la tâche de trouver simultanément un nouveau nom, un nouvel emballage et un nouveau mode de commercialisation pour un produit.

Enfin, le *brainstorming* est surtout utile pour les problèmes exigeant une recherche ou une exploration d'idées. Il n'est pas utile pour les problèmes comportant uniquement deux ou trois solutions possibles. Il est inapproprié de l'utiliser, par exemple, pour déterminer s'il serait souhaitable d'adopter une nouvelle technologie. En effet, une question de ce type, qui suppose une réponse de type « oui ou non », est peu propice à la simple exploration et réclame plutôt qu'on étaye l'acceptation ou le refus d'une possibilité envisagée. Le tableau 2.3 propose quelques exemples de situations pour lesquelles le *brainstorming* peut être utilisé avec profit.

Tableau 2.3

Quelques exemples de situations propices à l'utilisation du *brainstorming*

- Exploration de nouveaux produits.
- Choix du nom d'un nouveau produit.
- Recherche de nouvelles utilisations pour un produit.
- Recherche de nouveaux marchés pour un produit ou un service.
- Choix d'un slogan ou thème publicitaire.
- Exploration de nouveaux modes de distribution.
- Choix de nouveaux canaux promotionnels.
- Développement de nouveaux modes de motivation.
- Exploration des opportunités de croissance.
- Recherche de nouveaux secteurs d'activités.
- Amélioration des modes de production.
- Amélioration du service à la clientèle.
- Amélioration de la qualité.
- Recherche de moyens pour augmenter la fréquence d'utilisation d'un produit ou d'un service.
- Exploration de moyens pour mieux affronter la concurrence.
- Recherche de nouveaux modes d'organisation.
- Études des possibilités d'exportation.
- Exploration de nouveaux modes de recrutement.

2.4.2   Le RME (remue-méninges électronique)

Le RME est une adaptation innovatrice du concept traditionnel de *brainstorming* proposée par Gallupe et Cooper[10]. Il s'agit d'effectuer la première étape du processus, c'est-à-dire celle de la génération du plus grand nombre d'idées possible, en invitant les participants du groupe à faire leurs suggestions de façon anonyme, au moyen d'un ordinateur branché en réseau. Une telle technique présente un avantage considérable, qui est celui de l'anonymat des personnes qui émettent les idées. On peut ainsi prévenir tout risque qu'un certain conformisme ne s'installe dans le groupe. On favorise également une plus libre expression de la part des participants, qui n'ont pas à craindre de voir ridiculiser leur idée ou de la voir rejetée par des membres du groupe qui auraient des préjugés à leur égard.

2.4.3   Le PMI (plus-moins-intéressant)

Cet outil tire son origine du concept de « pensée latérale », qui s'oppose à la pensée verticale à laquelle on nous a surtout habitués à faire appel. La pensée latérale fonctionne par glissements associatifs, alors que la pensée verticale procède plutôt de façon logique, linéaire et par enchaînements de cause à effet. Le principe fondamental de la pensée latérale est le suivant : n'importe quelle façon d'envisager les choses n'est qu'une façon parmi d'autres de les envisager. Cette approche nous invite à laisser vagabonder notre esprit pour explorer le plus grand nombre de voies possible.

Le PMI est une technique d'exploration conçue par De Bono[11]. Il s'agit d'un outil fort utile pour étudier différentes possibilités considérées dans un contexte organisationnel[12]. De Bono affirme avoir conçu cette méthode pour contrer la tendance que notre éducation

---

10. Gallupe, R.B. et W.H. Cooper, « Brainstorming electronically », *Sloan Management Review*, printemps 1993, p. 27-36.

11. De Bono est souvent surnommé le « missionnaire de la créativité ». Médecin et psychologue, il a enseigné à Oxford, Londres, Harvard et Cambridge où il dirige un centre de recherche sur le développement de la créativité. Ses 22 ouvrages sur la créativité ont été traduits en 19 langues.

12. De Bono a mis au point un grand nombre de techniques différentes pour parvenir à réfléchir autrement et qui se prêtent à des utilisations fort variées. Le lecteur désireux de connaître un plus large éventail de techniques consultera avec profit son ouvrage *Réfléchir mieux*, publié en 1985 par les Éditions d'Organisation.

nous a transmise à développer spontanément une argumentation pour défendre une opinion déjà formée, plutôt que de réfléchir en profondeur au problème qui nous est posé.

> Un jour, dit-il, j'ai demandé à soixante-dix adultes, d'un niveau intellectuel élevé, de faire une rédaction sur le thème suivant : « tout mariage sera conclu sur la base renouvelable d'un contrat de cinq ans ». Soixante-sept d'entre eux exprimèrent leur opinion dans la première phase de leur rédaction et consacrèrent tout le reste à défendre leur point de vue. À aucun moment, le sujet n'avait été exploré si ce n'est pour défendre une opinion forgée d'avance. C'est d'ailleurs le style qu'on recommande parfois à l'école pour les rédactions. [...] C'est là un des pièges où l'intelligence nous fait tomber – et ce défaut, les gens intelligents l'ont plus que d'autres. Ils sont capables de défendre leurs points de vue avec tant de talent qu'une exploration réelle du sujet leur semble une perte de temps. (De Bono, *op. cit.*, p. 21).

Si on veut bien être franc, on reconnaîtra qu'il nous arrive fréquemment de tomber dans ce type de piège intellectuel. À partir du moment où on est persuadé d'avoir raison ou d'avoir une opinion qu'on est capable de justifier par maints arguments, pourquoi accepterait-on de consacrer du temps à explorer le sujet ?

Le PMI est un outil destiné à contrer cette tendance naturelle à défendre rapidement une position adoptée *a priori*. Il force ses utilisateurs à diriger leur attention sur plusieurs aspects de la question abordée. Ainsi, il leur faut dresser une liste des P (plus intéressant), des M (moins intéressant) et des I (intéressant) possibles face à une éventualité donnée. Il s'agit d'une technique puissante, mais si facile à utiliser qu'on croit souvent à tort l'employer, alors qu'il n'en est rien.

L'expérimentation de l'utilisation d'un PMI avec un groupe d'étudiants en gestion illustre fort bien les possibilités d'un tel outil. Au début de la démarche, les participants ont été invités à donner leur opinion sur l'énoncé suivant : « On devrait abolir toute forme d'évaluation ou d'examen pour l'ensemble des cours du baccalauréat en administration. » Spontanément et très rapidement, tous se sont dits d'accord avec une telle mesure. À une étape ultérieure, chacun a dû faire l'exercice de repérage du PMI, c'est-à-dire dresser une liste des avantages (P), des inconvénients (M) et des aspects intéressants (I) d'une telle mesure. Voici quelques exemples d'arguments qui ont été énoncés pour chacune des catégories (P, M ou I) :

P

- Moins de stress.
- Plus de temps pour essayer de comprendre.
- Pouvoir se concentrer sur ce qui nous intéresse.
- Plus facile d'obtenir un diplôme.

M

- Aucune différence de rendement entre les étudiants.
- Aucune mention de succès ou d'échec.
- Pas de feed-back sur le degré d'atteinte des objectifs.
- Absentéisme plus grand aux cours.
- Pas de possibilité de se démarquer des autres.
- Baisse de motivation.

I

Il serait intéressant de voir :
- si d'autres mécanismes informels d'évaluation se développeraient ;
- la valeur que les employeurs attribueraient aux diplômes décernés ;
- comment on sélectionnerait les étudiants pour les études supérieures ;
- quels seraient les critères de performance dans un tel système.

Au terme de l'exercice, un changement radical s'était produit dans la position du groupe. Plus de 80 % des participants avaient complètement révisé leur point de vue et se disaient nettement contre une telle mesure. Bon nombre d'entre eux ont rapidement constaté que les inconvénients leur apparaissaient beaucoup plus nombreux et importants que les seuls avantages qu'ils avaient pourtant vus spontanément.

Un tel outil est fort intéressant, car il oblige les membres d'un groupe à diriger systématiquement leur attention vers plusieurs points de vue et différents aspects d'un problème donné. Il peut ainsi permettre d'éviter de tomber dans le piège de la pensée butée. En contexte organisationnel, un tel outil peut servir à dénouer des situations complexes de prise de décision ou d'exploration d'un problème.

Par exemple, il pourrait forcer certains dissidents d'un groupe à voir les avantages d'une position qu'ils auraient rejetée d'emblée. Même si l'exercice ne les amènera pas toujours à changer fondamentalement leur point de vue de départ, il les obligera tout au moins à dire aux autres : « je n'aime pas votre idée, mais en voici les points intéressants ». Il s'agit d'une attitude qui peut transformer positivement la dynamique conflictuelle d'un groupe. Par exemple, un gestionnaire qui refuse la suggestion d'un employé proposant l'instauration d'un horaire variable aura beaucoup moins de difficulté à lui faire accepter sa décision s'il a d'abord pris le temps de considérer tous les avantages, inconvénients et points d'intérêt de cette nouvelle façon de faire. L'employé n'aura pas l'impression qu'on a écarté son idée d'emblée.

L'exercice peut également s'avérer très fertile lorsqu'un groupe a déjà porté son choix sur une solution, sans avoir aucun doute sur son bien-fondé. Il oblige alors à examiner systématiquement tous les aspects de la situation, à la regarder sous des angles différents, alors que normalement on aurait jugé inutile de procéder à une telle exploration.

L'outil peut paraître fort simple, mais il ne faut pas le sous-estimer. Il exige en réalité beaucoup de détermination et un entraînement à l'exploration systématique, car il va à l'encontre même des modes de pensée que notre éducation nous a amenés à développer.

2.4.4 *Le concassage*

Le concassage consiste à creuser une idée, à jouer avec, à la tourner dans tous les sens pour en explorer toutes les possibilités.

Cette technique est surtout utilisée par les entreprises pour revoir leurs produits ou leurs services. Elle peut en l'occurrence être très utile pour modifier un produit un peu démodé ou pour l'adapter à un marché qui a changé ou est sur le point de le faire. Le concassage permet de mettre le produit à jour, de diversifier une gamme de produits ou d'en ajouter une, et il améliore par conséquent le choix offert au consommateur.

Concrètement, il s'agit de faire une analyse systématique d'un certain nombre de transformations qu'on pourrait faire subir à un produit ou un service. La liste d'opérations qui suit donne une idée du type de transformations possibles :

– Combiner (ex : le radio-réveil-matin, le radio-téléphone)

– Agrandir, allonger, élargir, multiplier...

– Diminuer, réduire, minimiser, supprimer...

– Substituer, échanger, remplacer...

– Changer l'usage du produit, faire autre chose avec...

– Modifier le produit pour élargir la clientèle possible.

– Adapter, ajuster...

– Reclasser, disposer autrement, inverser, retourner...

Le tableau 2.4 montre les possibilités d'une telle technique, en présentant sept concepts qui auraient pu être inventés à partir d'une opération de concassage.

Tableau 2.4

Sept exemples de produits ou de concepts qui auraient pu être inventés à partir d'une technique de concassage

– Combiner :	Bic vient de créer un tout nouveau produit qui combine un briquet, un porte-clé et un petit crayon à bille.
– Réduire :	En janvier 1990, une entreprise française a créé des mini-fromages, réduits des 3/4 par rapport à la boîte standard et correspondant à une portion individuelle.
– Augmenter :	On a vu dans une vitrine de Noël un ours en peluche géant mesurant plus de 2 mètres de haut.
– Singulariser :	Lanvin présente deux vaporisateurs de parfum et d'après-rasage pour hommes, dans un bel étui réutilisable, pour faire un joli cadeau.
– Inverser :	La chaîne de montage qui fit que les ouvriers n'avaient plus à aller chercher les pièces à assembler, mais que celles-ci défilaient désormais devant eux.
– Adapter :	Une jeune entrepreneure décide de créer une garderie de nuit pour répondre à la demande croissante de familles monoparentales dont le principal pourvoyeur travaille de nuit.
– Naturaliser :	On est parvenu à donner un aspect naturel à des plantes en plastique.

Source : Adapté de Timbal-Duclaux, *La stratégie de créativité dans l'entreprise*, Paris : Retz, 1990, p. 152-153.

2.4.5   Le programme de suggestions

Le programme de suggestions est un outil de plus en plus souvent utilisé par les entreprises pour inviter les employés à mettre leur créativité au service de l'organisation. L'idée de mettre à profit la créativité des employés par des programmes de suggestions n'est pas nouvelle puisqu'elle remonte au XIXᵉ siècle. Il semble d'ailleurs que ce soit la compagnie Kodak qui fit œuvre de pionnière à cet égard, en 1896. Bien qu'ils connaissent actuellement une grande recrudescence, on connaît encore très peu de choses sur les réalisations concrètes rendues possibles par ces programmes, que Thom[13] décrit comme un ensemble de mesures devant conduire les employés à soumettre des suggestions de changement concrets, réalisables et bénéfiques pour l'entreprise. Ces changements peuvent toucher différents aspects de l'organisation de l'entreprise.

L'aspect le plus intéressant de ces programmes est certainement le degré de satisfaction élevé des entreprises où ils ont été mis sur pied[14]. Dans la très grande majorité des cas, les suggestions faites par les employés sont très nombreuses. Elles représentent d'ailleurs souvent une moyenne annuelle de plus de deux suggestions par employé. Même si bon nombre d'entre eux n'en soumettent jamais, il semble que d'autres en présentent plusieurs au cours d'une même période. Quant au pourcentage des idées qui sont retenues et primées, il est de près de 50 %. Ces idées n'ont évidemment pas toutes la même importance et le même impact pour l'entreprise, mais la valeur des primes accordées est déterminée en conséquence.

Quant à la nature des idées soumises, près de 75 % concernent les méthodes de production. Quant aux autres, elles portent sur l'amélioration des processus administratifs ou sur la gestion de la sécurité au travail. De façon générale, elles sont une grande source d'économie et d'augmentation de la productivité pour l'entreprise, car ces suggestions ont pour résultat de diminuer les coûts, de réduire le temps de production, de raffiner les procédés, d'améliorer la qualité du produit et de diminuer les risques de dommages ou d'accidents.

De façon générale, l'instauration d'un tel programme est motivée essentiellement par la volonté de la direction de récompenser les employés qui trouvent des idées utiles pour améliorer la productivité de l'entreprise. On pense d'ailleurs que ces programmes ont pour effet d'encourager **tous** les employés à participer concrètement au succès de l'entreprise, plutôt que de les laisser se fier aux spécialistes. Il semble de plus que le programme présente l'avantage de permettre même aux plus timides de se faire valoir. On constate également que

---

13. Thom, N., « Innovation management in small and medium-sized firms », *Management International Review*, 30 (2), 1990, p. 181-192.

14. Ce constat et ceux qui suivent s'inspirent d'une recherche réalisée en 1994 et qui a permis de documenter en profondeur les cas d'une vingtaine d'entreprises québécoises ayant mis sur pied un tel programme depuis plus de deux ans. Pour plus de détails à ce sujet, voir C. Carrier, « Innovation et programmes d'amélioration fondés sur les suggestions des employés : une étude exploratoire », *Actes de la 4ᵉ Conférence Internationale de Management Stratégique*, Paris, mai 1995, p. 366-386.

ces programmes permettent d'éviter que certains gestionnaires ne s'approprient à tort la paternité de la bonne idée d'un employé, puisque cette dernière fait l'objet d'un document écrit et signé par l'employé lui-même.

La plupart des programmes reposent sur la confiance en la créativité des employés comme source potentielle d'améliorations et d'économies pour l'entreprise. En conséquence, les innovations qu'on souhaite générer par le biais de ce genre de programme sont surtout de type instrumental ou procédural. On ne vise nullement la création de nouveaux produits ou de nouvelles technologies. Ce sont davantage des améliorations profitables pour l'entreprise qui sont recherchées. Il s'agit là d'un point de vue qui se défend fort bien. En effet, un grand nombre de petites améliorations apportées sur plusieurs points simultanément peuvent avoir à moyen et à long terme un effet très positif sur la performance de l'entreprise.

Concernant le fonctionnement de ces programmes, les idées soumises par les employés sont examinées par un comité d'évaluation, qui choisit les idées qui seront retenues et primées par l'organisation. Les deux critères les plus fréquemment utilisés pour juger de la valeur d'une idée sont les suivants :

1.   L'idée permet à l'entreprise de réaliser des économies (après étude de faisabilité et investissement).

2.   L'idée permet à l'entreprise d'améliorer le milieu de travail des employés.

Malheureusement, il n'existe pas encore de questionnaires conçus spécifiquement pour l'évaluation de ces critères et chaque entreprise doit créer ses propres outils. La recherche de ces deux types d'avantages s'accompagne généralement de critères supplémentaires, comme la facilité de mise en œuvre et la quantification des économies ou bénéfices prévus. Cette quantification est particulièrement importante, car elle est souvent utilisée pour déterminer le seuil minimal de gain au-delà duquel une idée pourra être mise en pratique et primée. Dans certains cas, par exemple, l'idée soumise doit permettre d'économiser au moins 2 000 $ pour être adoptée.

Les récompenses offertes pour inciter les employés à soumettre des idées peuvent prendre plusieurs formes. La plus fréquente consiste en une prime établie à partir d'un pourcentage des économies nettes (le plus souvent 15 %), calculées sur un an, que la suggestion permet de réaliser. S'il s'agit d'une idée présentée par un groupe, la prime est alors octroyée à parts égales aux membres. Ces primes varient entre 15 $ et 10 000 $. Le plus souvent, cependant, on fixe un maximum de 5 000 $.

Un certain nombre d'entreprises privilégient d'autres types de récompenses. Il peut s'agir de cadeaux (voyages, billets de spectacle, repas au restaurant, produits fabriqués par l'entreprise, etc.) ou de points que l'employé peut accumuler et qui lui permettent de se procurer certains avantages dont la nature est précisée à l'avance. Les récompenses peuvent enfin prendre un caractère plus symbolique, comme par exemple des félicitations officielles à l'employé lors d'une cérémonie périodique prévue à cette fin ou un article dans le journal interne. Ces récompenses peuvent être particulièrement intéressantes, elles sont susceptibles d'avoir un effet d'entraînement chez les employés. Ceux-ci sont en effet mis devant l'exemple d'un de leurs collègues, dont on valorise publiquement l'apport et la créativité.

Plus globalement, on peut avancer que le degré de succès du programme dépasse généralement largement les attentes initiales des gestionnaires ayant opté pour leur mise en œuvre. Ces programmes peuvent même conduire à différentes formes d'intrapreneuriat; en effet, lorsque la situation le permet et que l'employé a les compétences nécessaires, il est invité à participer activement à la mise en œuvre de son idée. Dans certains cas, il en devient même le principal responsable.

2.4.6 La carte mentale

Cette technique d'exploration d'idées ou de possibilités a été conçue par Tony Buzan[15] et elle est essentiellement basée sur la force potentielle de l'association d'idées. On la désigne aussi sous le nom d'« arbre à idées ». Concrètement, il s'agit d'abord de trouver un mot de départ qui traduit bien la nature du problème exploré ou de l'amélioration à laquelle on veut travailler. Ce mot est inscrit dans une bulle, au centre d'une page blanche. Par la suite, on note les cinq ou six idées que suggère le mot, et on couronne la bulle de départ avec d'autres bulles à l'intérieur desquelles sont inscrites ces idées. Des lignes sont tracées d'une bulle à l'autre. Partant de cet ensemble de nouvelles idées, on refait le même processus en couronnant ces dernières bulles d'autres

---

15. Pour plus de détails à ce sujet, voir Tony Buzan, *Une tête bien faite*, Paris : Les Éditions d'Organisation, 1984.

bulles incluant les nouvelles idées qu'elles nous suggèrent. Le processus se répète jusqu'à l'épuisement des idées. De bulle en bulle, de nouvelles possibilités se dessinent. L'avantage principal de cette technique est qu'elle oblige à faire des liens souvent insoupçonnés, d'un niveau à l'autre, et qu'elle fournit une image visuelle, une carte des liens possibles entres les différentes idées énoncées.

La figure 2.3 fournit un exemple d'utilisation de la carte mentale pour explorer les possibilités d'améliorer l'accueil des nouveaux employés dans l'entreprise. Comme on peut le voir, différents moyens ont été indiqués dans les bulles autour du thème central, et chacun est porteur de plusieurs possibilités. Ainsi, on a suggéré que le nouvel employé se voie remettre un petit cadeau pour souligner son arrivée dans l'organisation. Partant de cette idée de base, on a ensuite énuméré quelques cadeaux possibles, par exemple une broche à l'effigie de l'entreprise, une tasse pour la pause-café, un attaché-case. Dans une autre bulle, on a suggéré l'idée que le nouvel employé se voie désigner un parrain, une personne spécialement désignée pour faciliter son intégration dans l'entreprise. Encore là, il peut s'agir d'un collègue, d'un gestionnaire, ou même d'un client qu'il s'agit d'aider à mieux connaître le produit ou le service offert.

Figure 2.3

Exploration des moyens d'accueil à l'aide de la carte mentale

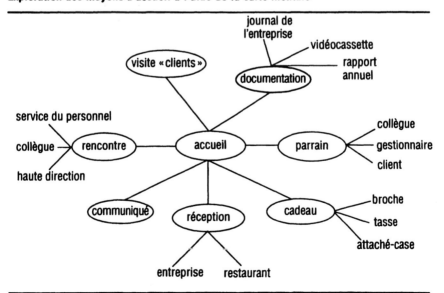

2.5 CONCLUSION

Jusqu'à maintenant l'accent a été mis sur l'importance de la créativité en contexte organisationnel, en développant surtout son potentiel de génération d'idées utiles pour l'organisation. On a également tracé un profil des facteurs susceptibles de freiner ou, à l'inverse, de stimuler la créativité chez les individus et les groupes qui travaillent dans nos entreprises. Enfin, nous avons eu l'occasion d'examiner un certain nombre d'outils et de techniques qui s'offrent à l'entreprise soucieuse d'exploiter les capacités intellectuelles de son personnel et de l'amener à penser différemment.

Mais les meilleures idées du monde n'acquièrent de valeur qu'au moment où elles se réalisent concrètement dans l'entreprise. Les prochains chapitres nous entraînent donc beaucoup plus loin dans ce périple vers des organisations non seulement plus créatrices, mais aussi plus innovatrices. Ils entraînent le lecteur de plain-pied dans cette mise en œuvre d'innovations par les employés que constitue l'intrapreneuriat. Comme on le verra, l'entreprise qui vise l'excellence a tout avantage à inviter le plus d'employés possible à se comporter comme des entrepreneurs à son service, c'est-à-dire à devenir des intrapreneurs engagés et motivés. La créativité est certes d'abord individuelle, mais l'innovation est presque toujours une œuvre collective qui exige un milieu de travail ouvert, des ressources adéquates et une synergie intellectuelle entre les employés. Nous passons donc du domaine des idées à celui de l'action qui leur donnera forme.

3
Qu'est-ce que l'intrapreneuriat?

Face au monde qui change, il vaut mieux penser le changement que changer le pansement...

Francis Blanche

Parmi la panoplie des stratégies et outils de développement organisationnel des années 80 destinés à aider les entreprises dans leur recherche d'innovation et de croissance, l'intrapreneuriat est apparu comme un concept extrêmement intéressant. Ce dont on peut être certain, c'est que la préoccupation qu'il véhicule pour la recherche d'une plus grande créativité et ne peut qu'augmenter au cours des années à venir.

3.1 ORIGINE DU CONCEPT

C'est au milieu des années 70 que le concept a fait son apparition. Avant même que la littérature ne fasse mention du terme d'*intrapreneuriat*, Norman Macrae[1] insistait déjà sur la nécessité d'une révolution dans la mentalité des entreprises soucieuses d'innovation. Selon lui, les entreprises les plus performantes seraient celles qui sauraient devenir des « confédérations d'entrepreneurs ». Ce qu'il voulait dire par là, c'est que les entreprises devaient se doter de tous les moyens disponibles pour rassembler et canaliser les énergies entrepreneuriales de leurs employés.

---

1. Macrae, N., « The coming entrepreneurial revolution : A survey », *The Economist*, décembre 1976.

En ce qui concerne le terme même d'*intrapreneuriat*, il semble que c'est en Suède qu'il ait été utilisé pour la première fois. Comme le rapporte Langlois[2], c'est en 1975 que trois consultants suédois, Gustaf Delin, Tennart Boksjo et Sven Atterhed, réalisent que beaucoup d'idées novatrices ne voient jamais le jour au sein des grandes entreprises. Pour remédier à cette situation, ils fondent alors le groupe *Foresight*, dont le rôle principal est d'aider les grandes entreprises à développer le potentiel entrepreneurial de leurs employés, plutôt que de mettre tous leurs efforts sur les systèmes et les contrôles. Quatre ans plus tard, en 1979, ils créent l'*École des intrapreneurs*. Cette dernière propose aux entreprises un programme de formation devant les aider à créer un climat propice à l'innovation et des conditions permettant de mettre à profit les bonnes idées des employés. Ce sont cependant les Américains qui ont par la suite considérablement développé et fait connaître cette approche.

Quant à la première contribution marquante en matière d'intrapreneuriat, on l'attribue à Gifford Pinchot[3]. Dans la préface de son livre *Intrapreneuring*, il affirme avoir lui-même inventé le terme *intrapreneur* en 1978. Pour lui, l'intrapreneuriat constitue essentiellement une façon de gérer permettant à des employés, donc à des entrepreneurs à l'intérieur de l'entreprise, d'exprimer leur potentiel créateur en bénéficiant d'une liberté suffisante et d'une certaine marge de manœuvre à cet égard.

3.2 FACTEURS D'ÉMERGENCE DE L'INTRAPRENEURIAT

D'où vient ce nouvel intérêt pour l'intrapreneuriat? Qu'est-ce qui explique cette passion grandissante pour la recherche et la formation d'intrapreneurs à l'intérieur des organisations? En fait, les facteurs à l'origine de cet intérêt semblent s'articuler autour de deux grands axes, soit, d'une part, les nouveaux besoins des travailleurs et, d'autre part, ceux des organisations, plongées dans un contexte plus compétitif que jamais. L'intrapreneuriat s'appuie donc sur les nouvelles aspirations professionnelles des travailleurs et la problématique de l'innovation

---

2. Langlois, J.P., « L'intrapreneurship : un concept jeune », *Numéro spécial du CDE*, L'Esprit sauvage de l'intrapreneurship, 2(3), septembre 1988, p. 9.

3. Pinchot, G., *Intrapreneuring*, New York : Harper & Row Publishers, 1985.

dans les entreprises. Examinons donc plus à fond ces deux principaux facteurs de l'émergence du concept.

3.2.1 Les nouveaux besoins des travailleurs

Si l'on s'attarde aux nouvelles préoccupations des entreprises à l'égard de leurs travailleurs, rappelons d'abord que les entreprises les plus performantes ont d'ores et déjà compris que leurs ressources humaines constituent leur capital le plus important. Les travailleurs d'aujourd'hui refusent de plus en plus de vivre dans un milieu où l'organisation a préséance sur l'homme et dans lequel ce dernier est vu comme un simple facteur de production parmi d'autres. Il semble que le modèle traditionnel d'organisation du travail, d'abord fondé sur la spécialisation des tâches, ait bien mal résisté au temps et que son incompatibilité avec les nouvelles aspirations des travailleurs apparaisse de plus en plus nettement.

Les pratiques organisationnelles en matière de gestion des ressources humaines doivent changer. Nous sommes passés par une série de transformations successives dans les paradigmes de gestion, du paradigme classique et de celui de la gestion des relations humaines à une nouvelle façon d'aborder la gestion des ressources humaines qu'on peut qualifier de paradigme d'autodétermination[4]. Cette nouvelle approche propose essentiellement d'accorder à chaque travailleur l'autonomie dont il a besoin et de lui procurer des défis à la mesure de ses aspirations. La Fondation de l'entrepreneurship propose d'ailleurs aux entreprises québécoises de favoriser les quatre valeurs fondamentales qui sous-tendent une telle approche, soit l'autonomie, la responsabilité, la créativité et la solidarité. Le travailleur d'aujourd'hui ne travaille pas seulement pour vivre, mais aussi pour mieux vivre.

Fort heureusement, le milieu des affaires est de plus en plus conscient de l'apparition de ces nouveaux besoins et de ces nouvelles valeurs des travailleurs d'aujourd'hui et reconnaît l'importance pour eux de travailler dans un environnement professionnel propice à l'exercice de leur initiative et de leur créativité[5]. Des changements importants sont survenus dans les valeurs du travailleur. Il semble en

---

4. Rarick, C., « Self-determination : The now management paradigm », *Sam Advanced Management Journal*, 52(3), été 1987, p. 47-50.

5. À ce sujet, voir « The new corporate elite », *Business Week*, Cover Story, janvier 1985.

effet qu'il y ait de moins en moins d'hommes et de femmes qui soient prêts à adopter d'emblée les systèmes de valeurs et les règles traditionnellement imposés dans les entreprises. Et lorsque ces dernières ne leur permettent pas d'exploiter leur potentiel, ces individus risquent de décider de mettre sur pied une entreprise cadrant mieux avec leurs propres aspirations ou d'aller travailler pour un compétiteur plus sensible à leurs besoins. Le message est clair : l'entreprise peu soucieuse de permettre aux individus d'exploiter leur potentiel risque de voir sortir de ses rangs ses meilleurs éléments sur les plans de l'initiative et de la créativité et de ne conserver qu'un simple personnel d'exécutants.

3.2.2 Les nouveaux besoins des entreprises

Malgré toutes ces raisons de faire dorénavant appel à l'intelligence, à la créativité et à l'initiative de leur personnel, ce n'est pas uniquement le désir de répondre aux besoins des employés qui incite de plus en plus d'entreprises à stimuler l'intrapreneuriat. Les dirigeants ont en fait compris que le contexte de concurrence féroce dans lequel les entreprises évoluent exige un processus d'innovation constant et croissant. Cette concurrence est d'ailleurs encore plus vive avec la mondialisation des marchés et les pactes de libre-échange conclus en Europe et en Amérique du Nord. L'impératif économique est donc une des principales raisons de viser une exploitation accrue du potentiel innovateur des travailleurs dans leur vie professionnelle.

L'innovation doit être au cœur même de l'entreprise qui veut aujourd'hui rester compétitive. Selon Tom Peters (1988), les organisations les plus performantes ont depuis longtemps compris la nécessité de se différencier par la qualité et d'innover en permanence, bien avant que les marchés ne les y obligent. Mais avant d'aborder plus en profondeur cette nécessité pour l'entreprise d'innover, il importe de mieux préciser de quoi l'on parle lorsqu'on utilise le terme *innovation*.

3.3 QU'EST-CE QUE L'INNOVATION ?

Trop souvent malheureusement, dans nos entreprises, on a tendance à confondre *innovation* et *invention*. La confusion s'installe rapidement lorsque l'on réfère à ces deux réalités. Il s'agit en effet de deux concepts différents, qui ne sont pas synonymes mais plutôt complémentaires[6]. L'invention est en quelque sorte l'idée, alors que l'innovation en est la réalisation concrète. En ce sens, l'innovation est un dérivé, un produit ou un effet de l'invention. Par conséquent, il pourrait à la limite y avoir invention sans qu'il y ait innovation, et vice versa. Il est important à cet égard de se rappeler que ce ne sont pas les bonnes idées qui manquent dans nos organisations, mais plutôt les personnes pour leur faire prendre forme. Ainsi, bon nombre d'entreprises qui ont mis sur pied un programme de suggestions soulignent que les idées foisonnent, mais qu'on manque souvent de « volontaires » ou « d'équipes-vedettes » pour les mettre en œuvre.

Il est important aussi d'attirer l'attention sur le sens beaucoup trop étroit qu'on a tendance à attribuer à l'innovation, en lui associant généralement d'emblée une connotation technologique ou scientifique. Bien sûr, on trouve certaines définitions qui confinent l'innovation dans des paramètres à caractère purement technologique ou matériel[7]. Dans le monde d'aujourd'hui, caractérisé par l'importance de la connaissance et de la technologie, on ne peut certes ignorer l'importance de s'intéresser à l'innovation dite technologique. Il importe cependant de prendre conscience de la nécessité d'aborder l'innovation dans une perspective beaucoup plus globale et d'éviter de croire qu'innovation et technologie ne font qu'un.

> Il y a d'innombrables innovations sans recours à des technologies avancées ; un produit ancien adapté à une fonction nouvelle est une innovation. Des améliorations et perfectionnements qui sont des innovations ne mettent en œuvre que les technologies utilisées pour le produit initial. Des enquêtes réalisées en France et en Allemagne ont montré que 40 à 50 % des innovations viennent du marché et répondent à des souhaits du client. Réduire l'innovation à la technologie, c'est donc oublier la moitié du problème si on se place dans l'optique de l'offre. (Piatier[8], p. 13)

Partant d'un tel constat, on ne peut qu'être d'accord avec le fait qu'il nous faut élargir sensiblement notre perspective pour définir le concept d'innovation. Fort heureusement, plusieurs auteurs sont

---

6. À ce sujet, voir Schumaan (1982) et Mansfield (1968)

7. Par exemple, voir les définitions élaborées par Burgelman et Sayles (1987), Connell (1987) et Chaussé (1988), qui insistent sur le caractère technique ou technologique de l'innovation.

8. Piatier, A., « L'innovation galvaudée, méconnue, convoitée », *Autrement*, Les Héros de l'Économie, n° 59, avril 1984, p. 13-20.

venus nous aider à amorcer cette réflexion. Sweeney[9], par exemple, parle de notre « romantisme » à l'égard de la haute technologie, qui ne peut que relever d'une vision primaire de l'innovation. Pour lui, le concept d'innovation n'est pas exclusivement associé à l'objet fabriqué ou vendu et peut consister en une nouvelle façon de vendre, une nouvelle localisation géographique ou, plus simplement encore, une nouvelle façon de s'occuper de ses clients.

D'autres auteurs, comme Kanter[10], étendent même le concept d'innovation à de nouvelles pratiques de gestion ou à de nouvelles combinaisons administratives. Enfin, Peter Drucker[11] nous rappelle que toute variation à la hausse de la capacité de production de richesse à partir des ressources déjà existantes constitue une forme d'innovation. Il donne d'ailleurs plusieurs exemples démontrant que l'innovation n'a pas à être d'ordre technique ou technologique, et encore moins matériel, pour être considérée comme telle. Il affirme à ce sujet :

> Peu d'innovations ont eu autant d'impact que certaines innovations sociales telles que les journaux ou les assurances. L'achat à tempérament a littéralement transformé les économies. Partout où le crédit fut introduit, l'économie qui reposait sur l'offre s'est mise à dépendre de la demande, quel que soit le niveau de production de l'économie en question... Bien plus encore, le management, ce « savoir utile » qui permet pour la première fois à l'homme de faire travailler de façon productive des personnes de qualification et de discipline très différentes au sein d'une organisation, est une innovation de ce siècle. (p. 57)

On peut donc considérer l'innovation comme pouvant prendre différentes formes. Le tableau 1 présente d'ailleurs quelques exemples d'innovations possibles. Ainsi, l'innovation peut être considérée comme l'adoption d'un changement par une entreprise dans le but d'augmenter sa productivité globale, de répondre à de nouvelles exigences du marché ou même de s'attaquer à de nouveaux marchés. Dans cette dernière perspective, l'innovation n'est plus qualifiée comme telle pour la radicalité de la nouveauté qu'elle apporte. Elle tient plutôt au fait que l'entreprise fait quelque chose de nouveau par rapport à ses façons de faire antérieures. L'entreprise n'a pas à inventer pour

9. Sweeney, G.P., *Les nouveaux entrepreneurs : petites entreprises innovatrices*, Paris : Les Éditions d'Organisation, 1982.
10. Kanter, R.M., *The Change Masters*, (s.l.) Basic Books, 1983.
11. Drucker, P., *Les entrepreneurs*, Paris : L'Expansion/Hachette, 1985.

innover. Il peut suffire qu'elle utilise un procédé, un mode de distribution, un mode de gestion, une technologie ou des modes de commercialisation qui existent déjà, mais qu'elle applique le concept d'une façon différente ou se l'approprie en l'adaptant à sa situation ou aux besoins de ses systèmes-clients.

Tableau 3.1

Quelques formes possibles d'innovation...

– Conception d'un nouveau produit ou service.
  Ex. : Une poussette d'enfant sur patins pour l'hiver.

– Introduction d'un service ou d'une caractéristique qui modifie le produit ou le service en accroissant sa valeur aux yeux du client.
  Ex. : Offrir un service de décoration quand on vend des meubles.

– Usage d'une ressource ou d'un système qui constitue un facteur de différenciation.
  Ex. : Service de dépannage par téléphone en informatique.

– Ouverture vers de nouveaux marchés.
  Ex. : Exportation dans un pays étranger.

– Nouveau mode de distribution ou de commercialisation.
  Ex. : Publicité sur les autobus.

– Nouvelle source d'approvisionnement.
  Ex. : Créer une association d'acheteurs.

– Recours à de nouvelles matières premières.
  Ex. : Fabriquer des crayons haut de gamme en bois précieux.

– Amélioration des procédés existants.
  Ex. : Utiliser une machine qui écourte le temps de fabrication.

– Nouveaux modes de gestion.
  Ex. : Créer un programme de partage des bénéfices.

– Expérimentation de nouvelles formes d'entreprise.
  Ex. : Créer des filiales en y associant des employés.

On peut trouver plusieurs exemples de cette conception de l'innovation dans notre environnement. Pour illustrer notre propos, prenons l'exemple du fabricant de produits alimentaires qui amène la clientèle à augmenter sa consommation d'un certain produit en lui proposant d'en faire une utilisation nouvelle. Le bicarbonate de soude est un bon exemple. On propose aux consommateurs de l'utiliser pour réduire les odeurs dans le réfrigérateur, pour se brosser les dents, pour laver certains tissus ou pour diminuer l'acidité de certains mets de façon à réduire les maux d'estomac. Le produit reste le même, avec les mêmes caractéristiques. Ce qui est relativement nouveau, puisque dans certains cas il s'agit d'utilisations héritées de nos grands-mères, c'est ce qu'on propose d'en faire. Pensons à l'utilisation de plus en plus répandue du télémarketing par différentes entreprises pour joindre la clientèle. Le marketing existait déjà et le téléphone également. L'innovation réside ici essentiellement dans la combinaison de deux éléments déjà existants pour les utiliser de façon différente. L'avènement de la carte de crédit et des guichets automatiques n'a créé ni le crédit ni le besoin du consommateur d'avoir accès à son compte. On a tout simplement proposé une nouvelle façon de répondre à des besoins déjà présents, en utilisant des moyens également déjà disponibles à d'autres fins.

Enfin, il importe de rappeler qu'une innovation doit être utile et réalisable. Bon nombre d'inventions ne trouvent pas preneurs et restent entre les mains de leur créateur, soit parce qu'elles ne présentent pas un intérêt suffisant pour qu'on éprouve le besoin de les utiliser, soit parce que l'inventeur ne dispose pas des ressources ou des compétences nécessaires pour les mettre sur le marché et les rentabiliser. L'innovation est la plupart du temps une réussite collective qui nécessite l'apport de plusieurs compétences et types de ressources différentes. L'individu isolé a peu de chances de concrétiser ses idées.

3.4 DÉFINITION DE L'INTRAPRENEURIAT

Il s'agit d'un concept qui demeure entouré de beaucoup d'ambiguïté. On trouve des articles portant sur les facteurs de son émergence, sur ses conditions d'exercice, sur les facteurs qui inhibent ou freinent son développement et sur ses conséquences pour les entreprises qui s'y engagent. Pourtant, on finit par ne plus savoir à quoi on fait référence exactement lorsqu'on parle de l'intrapreneuriat. Cependant, même si bon nombre en parlent sans avoir préalablement jugé nécessaire de définir le concept de façon précise, le terme est presque toujours implicitement synonyme d'innovation par les employés eux-mêmes.

Il est important de rappeler ici la définition de l'intrapreneuriat que nous a donnée Pinchot, puisque la plupart de ceux qui, par la suite, ont utilisé le terme semblent adhérer, au moins en partie, à sa conception du phénomène. Pour Pinchot, l'intrapreneuriat est un mode organisationnel permettant à des employés, en l'occurrence à des entrepreneurs à l'interne, d'exprimer leur potentiel créateur, en leur donnant la liberté, la marge de manœuvre et les ressources nécessaires pour le faire. Jouissant de l'indépendance d'action pour mener leur projet à terme, ces intrapreneurs peuvent alors concrétiser leur idée à l'intérieur de l'entreprise, parvenant alors simultanément à satisfaire à la fois leurs besoins personnels et ceux de l'entreprise.

Nous définirons ici toutefois l'intrapreneuriat comme « la mise en œuvre d'une innovation par un employé, un groupe d'employés ou tout individu travaillant sous le contrôle de l'entreprise[12] », en gardant à l'esprit la définition élargie et globale de l'innovation que nous avons établie dans la section qui précède. Cette définition a l'avantage de définir l'intrapreneuriat tant à partir du processus (la mise en œuvre d'une innovation) qu'à partir de son résultat tangible (l'innovation). On évite ainsi de considérer comme de l'intrapreneuriat les manifestations plus ou moins grandes d'esprit créateur chez les employés.

3.5 LA DIFFÉRENCE ENTRE ENTREPRENEURIAT ET INTRAPRENEURIAT

Depuis quelques années, on a eu tendance à élargir la conception traditionnelle de l'entrepreneuriat, qui était jusqu'alors étroitement associé à la création d'une nouvelle entreprise. Cette conception présentait le désavantage de limiter l'entrepreneuriat à une simple activité économique. On a alors redéfini le concept d'entrepreneuriat comme une approche et un ensemble d'attitudes et de valeurs particulières associées à la création et à la gestion· d'une entreprise, en y intégrant les concepts de prise de risque et de mise en œuvre d'innovations. Une définition aussi large de l'entrepreneuriat finit par rendre difficile la différenciation entre celui-ci et l'intrapreneuriat. Pourtant, même si les deux concepts font appel à des processus assez analogues de concrétisation d'idées et d'innovation, des différences importantes les distinguent l'un de l'autre (voir tableau 3.2).

---

12. À ce sujet, voir Carrier, C., « Intrapreneurship et PME », *Gestion. Revue Internationale de Gestion*, HEC, 16(4), novembre 1991, p. 20-27.

Tableau 3.2

Les zones de différence entre l'entrepreneuriat et l'intrapreneuriat

Entrepreneuriat	Intrapreneuriat
– L'entrepreneur travaille pour lui-même.	– L'intrapreneur est au service d'une entreprise.
– L'entrepreneur s'adapte et interagit avec son milieu.	– L'intrapreneur doit s'adapter à son milieu.
– L'entrepreneur peut imposer.	– L'intrapreneur doit convaincre.
– L'entrepreneur risque ses avoirs financiers.	– L'intrapreneur risque sa crédibilité.
– L'entrepreneur décide de sa rémunération.	– L'intrapreneur se voit imposer son salaire.
– L'entrepreneur peut décréter ce qui sera fait.	– L'intrapreneur doit « négocier » ce qui doit être fait.

La première différence réside dans le lieu où entrepreneuriat et intrapreneuriat s'exercent. Comme l'a souligné d'Amboise[13], dans le terme *intrapreneuriat*, le préfixe « intra » spécifie le contexte particulier où cette activité prend place. On peut devenir entrepreneur n'importe où mais on ne peut « intraprendre » qu'à l'intérieur d'une entreprise. Cette première distinction entraîne, comme on le verra plus loin, des contextes d'action et des conditions d'exercice qui sont fort différents pour les entrepreneurs et les intrapreneurs. Cette différence dans les univers de ces deux types d'acteurs est importante et nous amène à croire qu'il serait difficile d'être un intrapreneur sans avoir des talents d'entrepreneur, sans que pour autant l'inverse ne soit vrai.

Le type de risque encouru constitue la deuxième différence fondamentale. L'entrepreneur risque généralement ses avoirs financiers, et même parfois ses biens personnels, pour assurer le démarrage et la croissance de son entreprise. Le risque de l'intrapreneur se situe à un tout autre niveau. Financièrement, il n'investit pas personnellement, (ou très peu dans certains cas) dans son projet. Par contre, il y met toute son énergie, sa créativité et son dynamisme. Ce faisant, le risque se situe donc plutôt pour lui sur le plan d'une perte de crédibilité dans l'éventualité où les projets qu'il met en œuvre ne remplissent pas leurs promesses ou ne correspondent pas aux attentes de la direction de l'entreprise. L'enjeu pour l'intrapreneur est important, bien qu'il soit moins concret que pour l'entrepreneur.

---

13. D'Amboise, G., « Pour des entrepreneurs entreprenants », *Actes du Colloque de la Fondation de l'entrepreneurship*, Montréal : Fondation de l'entrepreneurship, janvier 1989.

Il existe bien sûr des situations où l'intrapreneur est amené à investir lui-même une partie du capital nécessaire à la réalisation de son projet. Dans certains cas, cela peut même conduire à de l'essaimage, dans la mesure où la nature et l'importance de son projet justifient qu'il crée sa propre entreprise, pour devenir un sous-traitant privilégié de l'entreprise mère. Il devient alors un entrepreneur. Le cas d'une expérience d'essaimage, relaté dans un chapitre ultérieur, constitue un exemple concret d'une telle possibilité. Il faut bien voir cependant qu'en de tels cas, l'investissement financier de l'intrapreneur reste bien inférieur à celui de l'entrepreneur auquel il s'associe.

Une autre différence importante réside dans la nature même des récompenses éventuelles pour l'entrepreneur et l'intrapreneur. Le premier peut généralement compter sur les gains que lui procure son entreprise, à condition bien sûr qu'elle soit assez florissante. À ce titre, l'entrepreneur a toute la latitude nécessaire pour déterminer la part des profits qu'il se réserve et celle qu'il choisit plutôt de réinvestir dans le développement de son entreprise. Il en va tout autrement pour l'intrapreneur, qui n'a généralement aucun pouvoir sur la nature et l'importance des récompenses qui lui seront accordées pour ses efforts. Il demeure à cet égard largement tributaire de la culture, des politiques et des façons de faire de l'entreprise qui profite de ses talents. Comme on le verra, ces récompenses peuvent être de nature financière (primes, bonis, participation au capital-actions, etc.), de nature organisationnelle (promotion, liberté d'action, obtention de ressources, etc.) ou se situer à un niveau symbolique (mise en valeur du projet, promotion de l'individu, etc.).

Enfin, comme le fait mieux ressortir le chapitre qui suit, l'entrepreneuriat et l'intrapreneuriat font appel à des caractéristiques personnelles particulières, puisqu'ils engagent les individus dans des contextes dans lesquels le niveau d'autonomie d'action varie grandement. L'entrepreneur est maître à bord, disposant de toute la marge de manœuvre pour faire prendre à son entreprise le cap qui lui convient. L'intrapreneur, pour sa part, doit généralement adopter la trajectoire initiale de l'entreprise qui l'emploie et négocier au cas par cas l'autorisation, les ressources et l'appui nécessaires à la réalisation de ses projets.

4

Qui est l'intrapreneur?

*Des innocents ne savaient pas que la chose était impossible
à réaliser; alors, ils l'ont faite...*

Mark Twain

Après avoir cerné ce qu'est l'intrapreneuriat et d'où il vient, il convient de s'interroger sur l'acteur, la personne qui effectivement concrétise un ou plusieurs projets d'innovation dans l'entreprise. Quelles sont les caractéristiques personnelles de cet intrapreneur? Quels sont les rôles qu'il joue au cours du processus et en quoi consistent ses principales fonctions? Voilà autant de questions auxquelles nous tenterons de répondre dans le présent chapitre.

De même qu'on n'est pas encore parvenu à s'entendre sur ce qu'est un entrepreneur, les promoteurs de l'intrapreneuriat sont loin de faire l'unanimité sur la définition de l'intrapreneur. Certains auteurs[1] définissent l'intrapreneur à partir de ses caractéristiques psychologiques, de sa personnalité ou de ses attributs personnels. D'autres[2], dont un bon nombre se disent déçus des descriptions de l'individu à partir de son profil personnel, choisissent plutôt de le définir à partir de ses comportements, c'est-à-dire à partir des rôles et des fonctions qu'il exerce. En nous inspirant principalement de ces auteurs, nous aborderons donc la description de l'intrapreneur à partir de sa personnalité et de ses rôles et fonctions.

---

1. À ce sujet voir, entre autres, Gasse (1989), Luchsinger et Bagby (1987), Pinchot (1987) ot Roes et Unwalla (1986).

2. À ce sujet voir, entre autres, Filion (1989), Lessem (1987), Knight (1987), d'Amboise (1989), Lee et Zemke (1985), Finch (1985) ainsi qu'Ellis (1985).

4.1 SES ATTRIBUTS PERSONNELS

Le tableau 4.1 présente l'ensemble des traits de personnalité qu'on peut généralement attribuer à l'intrapreneur. Nous examinerons chacun de ces aspects de façon plus spécifique dans les lignes qui suivent. Tout d'abord, il faut préciser que bon nombre d'intrapreneurs peuvent présenter d'autres caractéristiques personnelles que celles qui sont énumérées ici. En deuxième lieu, il convient de préciser qu'il s'agit là des caractéristiques les plus fréquemment rencontrées chez les intrapreneurs.

Tableau 4.1

Attributs personnels de l'intrapreneur

- Créativité et initiative.
- Style d'apprentissage particulier (auto-apprentissage).
- Besoin d'accomplissement et de réalisation de soi.
- Confiance en soi.
- Besoin d'action.
- Leadership et habiletés politiques.
- Adaptabilité.

Créativité et initiative

L'intrapreneur est un rêveur, mais un rêveur qui agit. On peut le décrire comme une personne qui a des idées et sait comment agir pour leur faire prendre forme. On est loin ici du rêveur stérile, dont les bonnes idées sont surtout utiles pour changer le monde à travers de longues discussions ou pour décrire comment les choses auraient dû être faites ou imaginées par d'autres avant lui. Les idées de notre intrapreneur ne sont pas conçues pour impressionner la galerie ou pour critiquer ce qui se fait ou l'a été. Bien au contraire, elles deviennent rapidement des guides d'action pour changer ce qui peut l'être ou créer de nouvelles réalités.

Beaucoup de personnes ne verront d'abord malheureusement que les problèmes dans les situations qu'elles rencontrent ou les milieux dans lesquels elles évoluent. Rappelons-nous la célèbre phrase de Bernard Shaw, qui écrivait : « Certains voient les choses telles qu'elles sont et se disent "pourquoi?" D'autres voient les choses comme elles n'ont jamais été ou telles qu'elles auraient dû être et se disent "pourquoi pas?"» Notre intrapreneur appartient à cette dernière catégorie de personnes, qui se disent « pourquoi pas? » À l'image de l'entrepreneur, il ne se concentre pas sur les problèmes, mais plutôt sur les occasions d'affaires. En fait, l'intrapreneur n'est pas inconscient devant les problèmes et ne les ignore pas, mais ce qui le distingue des autres, c'est souvent qu'il sait comment les transformer en occasions. Il se concentre sur les possibilités plutôt que sur les difficultés et les défis perdus d'avance.

Style d'apprentissage particulier

L'intrapreneur a un style d'apprentissage particulier, qui l'amène à se servir de son intelligence pour projeter dans le futur le fruit des connaissances acquises grâce à ses expériences passées. Ses expériences et ses connaissances sont ce qu'il a de plus précieux et n'ont pas un caractère statique. Bien au contraire, elles l'aident à mieux prévoir ce qui pourrait devenir possible et aiguillent son attention sur ce qu'il pourrait arriver à créer de nouveau avec ce qu'il connaît déjà.

Ce style d'apprentissage influence d'ailleurs grandement son attitude face à l'erreur ou à l'échec. Il n'en a pas peur et ne les laisse pas le paralyser. Au contraire, ils aiguisent sa créativité et deviennent des occasions d'apprentissage précieuses. Plutôt que de parler d'échecs, il préférera d'ailleurs souvent parler d'erreurs de parcours ou de problèmes qui ne demandent qu'à être mieux abordés pour être résolus. Cette attitude devant l'erreur ou l'échec nous aide à mieux comprendre sa perception du risque. Doté généralement d'une bonne dose de réalisme, il n'a pas peur du risque comme tel, mais il préférera les situations qui en comportent relativement peu.

Besoin d'accomplissement et de réalisation de soi

Selon McClelland[3], la plupart des êtres humains sont animés par trois principaux types de besoins, dont l'un domine généralement. Il s'agit en l'occurrence des besoins de pouvoir, d'affiliation (besoin de se faire des amis) et d'accomplissement (besoin de réaliser des choses et de réussir). Le besoin de pouvoir est rarement très important chez

---

3. McClelland, D.C., *The Achieving Society*, Princeton, N.J. : Van Nostrand Co., 1961, p. 205-251.

l'intrapreneur. Il est plus typique du gestionnaire carriériste, pour qui le plaisir consiste à s'élever toujours plus haut dans la hiérarchie, ou du politicien ou du grand financier, qui se plaisent à dominer des groupes ou des empires. L'intrapreneur demeure généralement indifférent devant les titres ronflants ou les postes qui lui assurent toujours plus d'emprise sur les situations ou les gens. Le type de pouvoir qui l'intéresse concerne plutôt la réalisation de ses aspirations et de ses projets.

Il en va de même du besoin d'affiliation, qui n'est généralement pas très élevé chez l'intrapreneur. En tant qu'individu animé d'un grand désir d'atteindre ses objectifs et de réaliser ses idées, il ne consacrera pas beaucoup de temps à la socialisation dans son milieu de travail. Il se laisse absorber par ses propres objectifs et, en ce sens, il sera souvent perçu comme un individualiste. Malgré cela, il garde assez de contacts avec son entourage pour obtenir sa collaboration au besoin. Il faut dire aussi qu'il est généralement très exigeant envers lui-même ainsi qu'envers les autres. Il a des attentes élevées qui le distinguent souvent de la masse.

C'est très nettement le besoin d'*achievement,* ou de réalisation, qui l'anime le plus fortement. Il a besoin d'un environnement qui peut lui permettre de mener à bien ses aspirations et qui lui offre des conditions stimulantes et facilitantes pour ce faire. On l'a d'ailleurs précédemment décrit comme un rêveur qui privilégie l'action, et on peut facilement comprendre qu'il tend à avoir des objectifs assez précis et des désirs de réussite assez importants en fait d'accomplissement personnel. Enfin, il a généralement aussi besoin de pouvoir constater de visu la qualité et l'ampleur de sa réussite dans tout ce qu'il entreprend.

Confiance en soi

Tout comme l'entrepreneur, l'intrapreneur croit beaucoup en lui-même. Doué d'une bonne estime de soi, il est généralement capable d'évaluer assez précisément ses chances de réussite lorsqu'il entreprend quelque chose et sait doser ses attentes et adapter ses projets en fonction de son potentiel. Il connaît aussi assez bien ses forces et ses faiblesses. Il en va de même de ses limites, dont il se fait une idée assez juste. Cette confiance en lui-même est sûrement souvent à la base de l'audace qui le caractérise. Innover, cela veut dire amener quelque chose de nouveau, et la nouveauté comporte toujours une certaine part d'ambiguïté et de risque. Il faut donc une bonne dose d'audace pour penser qu'on peut transformer le difficile ou l'impossible en possible.

Cette confiance de l'intrapreneur en ses propres possibilités l'amène généralement aussi à penser qu'il est capable d'influencer le cours des événements et d'agir sur son environnement pour le modeler selon sa vision des choses. Notre intrapreneur ne fait pas appel à l'astrologie ou à la cartomancie pour prédire ce qu'il adviendra de ses attentes et de ses projets. Il ne perçoit pas son succès éventuel comme un produit de la chance, du destin ou d'un heureux concours de circonstances. Bien au contraire, il a la ferme conviction que ce sont ses efforts et la constance dont il fait preuve qui constituent son meilleur gage de réussite. L'intrapreneur n'attend pas que les choses arrivent ou lui arrivent, il les fait arriver par la nature de ses actions et la profondeur de son engagement.

Besoin d'action

L'intrapreneur a généralement besoin d'agir. Les longues et fastidieuses analyses l'intéressent peu. On le verra rarement se laisser prendre dans le piège de l'analyse qui paralyse. Comme il a la plupart du temps une idée très claire de ses objectifs, il se lancera presque immédiatement dans toute action suceptible de l'aider à parvenir à ses fins. Sa stratégie pour réussir se développe le plus souvent étape par étape, et c'est à travers l'action qu'elle lui apparaîtra le plus nettement. On rapporte beaucoup de cas où sont signalées les difficultés qu'éprouvent parfois les intrapreneurs aux tout premiers stades de leurs projets. Initialement, plusieurs de ces projets reçoivent effectivement un accueil assez mitigé dans l'entreprise.

Devant une telle situation, la plupart des intrapreneurs préféreront continuer d'agir malgré le manque d'enthousiasme, considérant qu'il s'agit sans doute de la meilleure façon d'emporter l'adhésion à leurs projets. D'ailleurs, ils n'attendent pas toujours une autorisation ou un appui officiel avant d'entreprendre de réaliser leurs idées. L'intrapreneur n'aime pas se faire dire non, et il aura tendance à agir par étapes plutôt que d'affronter les opposants à ses projets. On dit d'ailleurs qu'il préfère demander pardon plutôt qu'une permission.

Leadership et habiletés politiques

L'intrapreneur, par définition, entreprend dans une entreprise ou une organisation qui possède déjà sa culture, ses pratiques, ses structures et un certain nombre d'employés. Contrairement à l'entrepreneur qui a généralement plein pouvoir quant à ses objectifs et à la façon de les atteindre, l'intrapreneur doit inscrire son action dans une entité dont les objectifs et les priorités sont déjà établis et dans laquelle on ne lui a pas donné forcément le rôle de mener des projets pour l'entreprise. Dans un tel contexte, il doit mettre en pratique les habiletés qui lui sont particulières.

En premier lieu, il doit donc voir à se créer un réseau (qui pourra être interne ou externe), souvent parallèle à celui dans lequel il évolue déjà. Ne pouvant imposer ses vues ni ses idées, il doit miser sur son habileté à convaincre et à influencer ceux qui ont droit de regard sur son projet ou qui possèdent les compétences nécessaires à sa réalisation. Il arrive d'ailleurs fréquemment qu'il ait besoin d'un « protecteur » dans l'organisation, quelqu'un qui comprend ses projets et est prêt à l'appuyer tout au long de leur mise en œuvre. Ce protecteur est généralement appelé *sponsor,* ou parrain. En deuxième lieu, il faut également se rendre compte que pour la plupart des projets d'innovation qui seront menés par l'intrapreneur, celui-ci aura besoin de la collaboration étroite, et enthousiaste autant que possible, d'autres employés de l'entreprise. Encore là, n'étant pas nécessairement en relation d'autorité avec ces personnes, il devra souvent jouer de sa capacité de persuasion et de ses habiletés de leader pour réussir à les entraîner avec lui dans ses projets.

Tableau 4.2

Les dix commandements de l'intrapreneur

---

1. Chaque jour, il se tient prêt à être renvoyé.

2. Il contrevient à toute directive susceptible de freiner son projet.

3. Sans tenir compte de la description de ses fonctions, il n'hésite pas à effectuer toute tâche utile à son projet.

4. Il trouve toujours des gens pour l'aider.

5. Son intuition le guide pour choisir les meilleurs collaborateurs.

6. Il craint la publicité et travaille dans l'ombre aussi longtemps que possible, pour éviter de soulever l'opposition dans l'entreprise.

7. Il ne mise jamais sur la compétition, à moins d'y prendre part lui-même.

8. Il préfère demander pardon plutôt qu'une permission.

9. Concentré sur ses objectifs, il trouve des moyens réalistes pour les atteindre.

10. Il n'oublie pas de reconnaître et de remercier ceux qui lui apportent leur soutien.

Adapté de Gifford Pinchot, *Intraprendre,* Paris : Les Éditions d'Organisation, 1986, p. 38.

Adaptabilité

Cette caractéristique est très étroitement liée à la précédente puisqu'elle concerne directement l'habileté de l'intrapreneur à profiter de toutes les opportunités disponibles pour contourner le manque d'autonomie et de liberté qui peuvent devenir des entraves à ses objectifs. À cet égard, son intuition le guidera généralement pour choisir les personnes les plus aptes à le soutenir, pour sélectionner les meilleurs parmi le groupe. Il sautera sur toute occasion qui lui permet de faire avancer son action, même si elle n'était pas prévue dans ses plans initiaux.

Dans le même ordre d'idées, l'intrapreneur sait manifester une très grande adaptabilité dans les tâches qu'il a à effectuer pour que ses projets se concrétisent. La description de ses fonctions est rarement un carcan dans lequel il se laisse enfermer et il n'hésitera pas à exécuter toute tâche qu'il juge pouvoir accomplir mieux lui-même en fonction de ses objectifs. Il n'a pas peur de mettre la main à la pâte et on pourra le voir à l'œuvre dans diverses tâches liées à son projet, qui ne font pas nécessairement appel à ses compétences habituelles. Fort de ses habiletés politiques ou de son leadership, il n'hésitera pas non plus à changer sa stratégie ou ses méthodes si elles lui apparaissent nuisibles ou inappropriées à certaines étapes de son projet.

La consultation du tableau qui précède, qui présente les dix commandements de l'intrapreneur, permet de voir de quelle façon ces traits de personnalité influencent les comportements habituels de celui-ci.

4.2 SES FONCTIONS ET SES RÔLES

Partant des caractéristiques personnelles que nous venons de décrire, on peut maintenant se demander quelles sont les fonctions principales de l'intrapreneur? Quels rôles joue-t-il dans l'entreprise? On se doute déjà que notre intrapreneur est rarement un employé comme tous les autres, à qui il suffit de donner de bonnes directives et un niveau approprié de responsabilités. Il lui faut beaucoup plus que cela.

On l'a d'abord décrit comme un innovateur, comme un individu qui sait voir le possible là où tout le monde ne voit que des problèmes et des difficultés. L'intrapreneur est en quelque sorte le magicien qui sait faire apparaître les possibilités derrière un apparent problème. Il le transforme même en opportunité, comme on l'a déjà souligné. En nous appuyant sur cette caractéristique personnelle, on peut affirmer tout d'abord que l'intrapreneur agit très fréquemment comme agent de changement dans son milieu. Acceptant difficilement le *statu quo* lorsqu'il pense pouvoir améliorer une situation ou en créer une plus favorable, il deviendra souvent celui qui porte le fanion du changement, en en prenant l'initiative sans se soucier des remous qu'il risque inévitablement de provoquer. Du même coup, il deviendra le visionnaire qui est prêt à investir toute son énergie pour que sa vision devienne réalité.

On peut également affirmer qu'il joue le rôle d'entrepreneur, car partant d'une idée, d'une vision, du sentiment d'un possible qui lui semble souhaitable, il mettra beaucoup d'énergies à rassembler les ressources nécessaires, à les agencer et à les gérer pour atteindre ses objectifs. Notre visionnaire n'est pas passif: il se met à la recherche des ressources qu'il lui faut, où qu'elles soient, se les approprie et s'organise pour qu'elles servent ses fins de façon maximale. On se doute cependant bien que toutes ces ressources ne sont pas nécessairement faciles à obtenir, ni disponibles de façon immédiate dans l'environnement de notre intrapreneur. Ce dernier doit déployer toutes ses habiletés sociales et politiques pour parvenir à faire tomber les obstacles à l'obtention de ces précieuses ressources.

Enfin, nombreux sont ceux qui attribuent à l'intrapreneur le titre de « champion » ou de « maître d'œuvre » de l'innovation. Il est alors perçu comme un promoteur et un défenseur ardent, dévoué et zélé du produit qu'il crée ou de tout changement qu'il préconise. La simple figuration ne lui suffit pas, c'est le premier rôle qui l'intéresse, dût-il le jouer parfois dans les coulisses, comme c'est pourtant rarement le cas au cinéma.

4.3 SES GRANDS DÉFIS

Malgré le fait que de plus en plus d'entreprises sont sensibilisées à l'importance de l'intrapreneuriat, les vieilles mentalités résistent parfois aux changements que ce principe entraîne. Les pratiques quotidiennes ne s'adaptent pas toujours au discours intrapreneurial de la haute direction et tout le monde n'est pas nécessairement encore convaincu que l'intrapreneur n'est pas un éternel perturbateur du *statu quo,* puisqu'il sort constamment des sentiers suivis au fil des ans par l'entreprise. Aussi, bien que la situation s'améliore sensiblement dans bon nombre d'organisations, l'intrapreneur, ou l'équipe intrapreneuriale, doit encore très souvent relever des défis majeurs s'il veut prendre la place qui lui revient. Examinons ensemble les plus importants de ces défis.

Tableau 4.3

Six grands défis de l'intrapreneur

---

1. Vaincre au jeu du « non, mille fois non... ».
2. Persévérer dans l'adversité.
3. Dépasser les limites de sa fonction.
4. Trouver des protecteurs.
5. S'associer à des complices dévoués.
6. Concilier les rôles de concepteur et d'exécutant.

Vaincre au jeu du « non, mille fois non... »

Au premier abord, une nouvelle idée ou un nouveau projet dérangent souvent plus les employés qu'ils ne les stimulent. On se rend vite compte des changements qui s'imposeront dans ses façons de faire et dans ses attitudes, et des répercussions possibles sur ses acquis, ses privilèges ou sa situation. Aussi l'intrapreneur se heurtera-t-il fréquemment aux pièges de ce qu'Osborn[4] appelle le jeu du « non, mille fois non... »

Selon ce dernier, ce jeu se met très rapidement en branle lorsqu'une nouvelle idée est proposée. De nombreuses objections du type : « c'est impensable », « techniquement, c'est impossible ! », « d'autres l'on essayé et ça n'a pas marché », « ça ne changera rien », « ce sera trop coûteux », etc, surgissent de toutes parts. Certains sont tout simplement réfractaires à tout ce qui est nouveau, d'autres se sentent menacés parce qu'ils n'ont pas eu eux-mêmes l'idée. Quoi qu'il en soit, l'effet visé est le même : étouffer dans l'œuf tout projet qui risque de déranger l'ordre établi.

---

4. Osborn, A.F., *Créativité : l'imagination constructive*, Paris : Dunod, 1988.

C'est particulièrement au tout premier stade de son action, soit celui où il rend publique sa proposition d'innovation, que l'intrapreneur risque de rencontrer cette difficulté. Il aura bien sûr par la suite d'autres types de résistances à vaincre, mais cette objection spontanée, qui naît de la peur de l'inconnu engendrée par toute tentative de changement, est cruciale dans bien des cas.

Persévérer dans l'adversité

Fort heureusement, l'intrapreneur n'a pas tendance à laisser éteindre sa flamme par les nombreux éteignoirs que sont ces partisans du jeu «non, mille fois non». Très persévérant, il aborde son projet avec patience, persistance, comptant souvent sur le temps comme allié pour arriver éventuellement à «vendre» et à réaliser son projet. Un peu comme l'entrepreneur, il ne voit pas les difficultés rencontrées comme des obstacles insurmontables. Elles prennent plutôt la forme de défis qui lui permettent de repousser ses limites.

On serait tenté de croire qu'il n'y a pas d'obstacles dans les organisations où l'on préconise très ouvertement l'importance de l'intrapreneuriat comme source d'innovation. Mais les organisations ne sont au bout du compte que des univers d'idées et des arènes politiques dans lesquels les individus modèlent la réalité quotidienne. Et même lorsque l'intrapreneuriat est prôné par la haute direction, les différents paliers structurels de l'organisation n'adhèrent pas nécessairement tous à ce principe. Les hommes étant ce qu'ils sont, il se trouve toujours des individus qui se sont construit une image différente de ce qu'est une organisation performante et qui rameront à contre-courant des valeurs préconisées au niveau supérieur.

Dépasser les limites de sa fonction

Face à l'idée qu'il souhaite voir adopter par son entreprise, l'intrapreneur doit se comporter en bon gestionnaire de projet, même s'il n'a souvent aucune formation ou expérience dans ce type de fonction. En effet, il doit d'abord planifier la façon dont il compte amorcer sa démarche. Deux grandes stratégies sont possibles. Il peut décider de présenter son idée le plus tôt possible aux autorités concernées dans l'entreprise, tout en s'occupant seulement par la suite d'établir la nature et l'importance des ressources dont il aura besoin pour la réaliser. Il peut au contraire opter pour une plus grande discrétion à ce stade, pour bien prendre le temps d'évaluer les ressources disponibles avant de demander quoi que ce soit. Il serait sans doute préférable qu'il opte pour cette dernière façon de faire, puisque cela lui assurera plus de crédibilité auprès des autorités.

Mettre en œuvre un projet d'innovation est un processus qui comporte différentes étapes, chacune étant caractérisée par des habiletés particulières et l'exercice de différentes fonctions. Généralement, au début du processus, l'intrapreneur se voit forcé de faire cavalier seul. Il doit alors se débrouiller pour déployer toute une variété de talents.

Un tel contexte l'oblige très souvent à faire ses armes dans des rôles qui ne correspondent pas à ses tâches habituelles. Ainsi, le spécialiste des procédés qui pense à une amélioration des caractéristiques du produit n'aura pas toujours au départ la crédibilité requise pour faire accepter d'emblée son idée aux personnes concernées dans l'organisation. Il devra peut-être réaliser lui-même un prototype ou une maquette, tester le concept auprès de groupes de clients ou convaincre des distributeurs de s'associer à lui pour franchir les premières étapes du processus. Fort heureusement, l'intrapreneur typique ne craint pas de franchir les limites habituelles de sa fonction et n'hésite pas à effectuer lui-même toute tâche utile à son projet s'il le juge nécessaire.

Même lorsque son idée est acceptée par l'organisation, il continuera souvent à accepter de s'éloigner de ses tâches, que ce soit pour accélérer le processus, éliminer des zones de résistance possible ou garder secrets des renseignements susceptibles de compromettre sa réussite. Les heures de travail supplémentaires à des moments où il peut à loisir utiliser les ressources de l'entreprise (laboratoires, équipements, logiciels, matériel, etc.) ne le rebutent pas. Il se concentre sur son projet, prêt à jouer tous les rôles nécessaires pour le voir se concrétiser.

Trouver des complices et des alliés

Quand les premières étapes du processus intrapreneurial sont franchies, l'intrapreneur éprouve souvent plus de difficultés à poursuivre seul son périple. Au tout début, comme on le verra plus longuement dans un chapitre ultérieur, il aura besoin d'un mentor pour le protéger des luttes d'influence dans l'organisation. Mais lors de la réalisation du projet, un parrain ou un sponsor est souvent nécessaire pour aider l'intrapreneur à s'adjoindre tout le personnel et les ressources requises et l'aider à toutes les étapes de la préparation et de la mise en chantier du projet. Il s'agit généralement d'un membre de la haute direction ou tout au moins d'un gestionnaire qui occupe un poste lui assurant une bonne inluence sur les orientations de l'entreprise et l'allocation des ressources.

Même en acceptant d'élargir le cadre de ses tâches, l'intrapreneur peut rarement réaliser seul toutes les opérations techniques, commerciales et organisationnelles rendues nécessaires par les caractéristiques du projet. Dans certains cas, des alliés naturels ou fonctionnels seront prêts à faire équipe avec l'intrapreneur. Mais ce n'est malheureusement pas toujours aussi facile, et ce dernier devra alors déployer toutes ses habiletés sociales et politiques pour convaincre certains acteurs clés de l'aider dans sa démarche.

Concilier les rôles de concepteur et d'exécutant

Les intrapreneurs sont généralement des visionnaires. Leur vision est soucieuse d'utilité, et les innovations qu'elle concerne se caractérisent d'abord par leur impact réel sur la force concurrentielle ou la performance de l'entreprise ou par leurs possibilités d'exploitation sur les plans social, organisationnel ou commercial. Il s'agit donc d'une vision fonctionnelle, qui permet à l'intrapreneur de voir comment un projet peut se concrétiser dans son ensemble.

Cette faculté de visionnaire de l'intrapreneur dépasse donc largement la simple représentation mentale d'une innovation possible. Elle s'accompagne généralement de la capacité d'agir avec détermination pour lui faire prendre forme. L'intrapreneur est le gestionnaire principal d'une nouvelle activité qui n'existe pas encore, et il assumera généralement l'ensemble des responsabilités qui y sont étroitement liées.

4.4 L'ÉQUIPE INTRAPRENEURIALE

Depuis le début du chapitre, nous avons volontairement limité, dans la plupart des cas, l'utilisation du terme *intrapreneur* à l'individu, pour ne pas alourdir le texte. Toutefois, il importe de réaliser qu'en fait, le terme désigne presque toujours une équipe. Comme nous l'avons mentionné précédemment, l'innovation n'est jamais l'œuvre d'un solitaire. Dans presque tous les cas d'innovations réussies, on est en présence de personnes dont les compétences, complémentaires, sont en synergie.

Il faut aussi ajouter à cela la collaboration du milieu : universités, centres de recherche ou organismes à vocation socio-économique, dont la mission est de soutenir les initiatives entrepreneuriales et intrapreneuriales. D'importantes ressources financières, matérielles et humaines sont également nécessaires, et pour réussir à les obtenir il faut mettre ses énergies sur plusieurs fronts à la fois.

Dans certaines entreprises, on est tellement convaincu que l'innovation est cruciale qu'on met sur pied des équipes spéciales dont le rôle est de concevoir de nouveaux produits, de nouvaux procédés, ou d'explorer de nouveaux marchés ou de nouvelles opportunités, parfois aux confins des activités habituelles de l'entreprise. Bien sûr, on connaît déjà l'existence des équipes de recherche et développement traditionnelles, mais leur rôle s'arrête souvent dès qu'il s'agit de commercialiser les innovations produites. Mais d'autres types d'initiatives sont beaucoup plus originales et plus près du concept d'équipe intrapreneuriale.

À titre d'exemple, certaines entreprises mettent sur pied ce que l'on appelle un atelier de *sconses*. Il s'agit d'un groupe créé spécialement pour travailler à un projet innovateur, qui exige qu'on s'éloigne de la culture et des pratiques traditionnelles de l'entreprise. Par conséquent, pour protéger le groupe des attaques ou des résistances de l'organisation, on isole ce groupe dans un endroit spécial, séparé du reste de l'entreprise, et on met à sa disposition toutes les ressources nécessaires et, surtout, tout le temps requis pour obtenir des résultats probants. Ce type d'équipe jouit d'une grande autonomie, n'est plus soumis aux horaires habituels ni aux tracasseries administratives. Comme le rapporte Herrmann[5], le plus original et le plus réussi de ces ateliers fut créé par le légendaire Kelly Johnson, des usines aéronautiques Lockheed. « Ingénieur exceptionnel, se consacrant exclusivement à la conception et à l'amélioration des avions militaires secrets, il est à l'origine des plus importantes réalisations technologiques de l'histoire de l'aviation américaine. Travaillant avec son équipe dans l'atelier de *sconses* de Lockheed, son équipe conçut les avions les plus performants du monde, tels que le U-2, le SR-71 et le YF-12. » (p. 156)

---

5. Herrmann, H., *Les dominances cérébrales et la créativité*, Paris : Retz, 1992.

Test: ÊTES-VOUS INTRAPRENEUR?

Répondez par oui ou par non aux questions suivantes:

---

1. Avez-vous souvent conscience d'occasions d'innover dans l'exercice actuel de vos tâches?

2. Êtes-vous plus préoccupé par l'amélioration de ce que vous faites que par le fait d'être un bon exécutant?

3. Vous arrive-t-il d'avoir des difficultés à faire accepter vos idées parce qu'elles sont jugées trop avant-gardistes?

4. Vous jugez-vous capable de ne pas vous occuper des tentatives que font certaines personnes pour ralentir ou entraver vos projets?

5. Vous passionnez-vous facilement pour une simple idée qui surgit dans votre esprit pour apporter de la nouveauté dans votre organisation?

6. Manifestez-vous de la persévérance ou de la patience lorsque vous entreprenez une tâche ou un projet difficile?

7. Vous sentez-vous plus stimulé par le sentiment d'accomplir quelque chose d'important et d'utile que par votre salaire?

8. Pouvez-vous compter, dans votre milieu de travail, sur un réseau d'alliés qui n'hésiteraient pas à vous aider au besoin?

9. Seriez-vous prêt à renoncer à une partie de votre salaire pour tester une de vos idées si on vous promettait une récompense intéressante en cas de succès?

10. Vous croyez avoir une bonne idée. Investissez-vous de votre temps personnel pour la mûrir avant de la présenter à votre organisation?

11. Êtes-vous capable de visualiser des mesures précises pour concrétiser une idée innovatrice que vous avez eue?

12. Avez-vous parfois des problèmes parce que vous avez dépassé les limites de votre description de tâches?

13. Avez-vous confiance dans la valeur et la pertinence des idées que vous soumettez dans votre entreprise?

14. En cas de difficultés, êtes-vous capable de changer rapidement de cap ou de tactiques si c'est nécessaire?

15. Avez-vous tendance à mijoter de nouvelles idées relatives à votre travail, même lorque vous êtes en congé?

Si vous avez répondu *oui* à plus de 7 de ces questions, vous êtes probalement un intrapreneur déjà accompli ou qui n'attend qu'un contexte favorable pour se manifester.

4.5 ENTREPRENDRE OU INTRAPRENDRE?

Comme on l'a vu précédemment, l'entrepreneur et l'intrapreneur ont des profils similaires, et c'est surtout leurs contextes d'action particuliers qui les différencient. Quand quelqu'un croit avoir la personnalité d'un intrapreneur, il devrait normalement songer à exploiter ses talents à titre d'entrepreneur, pour profiter plus librement des fruits de son travail. La connaissance des facteurs pouvant justifier le choix d'une carrière intrapreneuriale plutôt qu'entrepreneuriale peut s'avérer très utile pour guider la réflexion. Voici donc les facteurs les plus susceptibles d'amener un individu à choisir le chemin de l'intrapreneuriat. Un test permettant de mieux analyser sa situation à cet égard est intégré à cette section.

L'intensité du besoin de sécurité

Certains individus ont certes le goût d'entreprendre et d'innover, mais ne sont pas prêts pour ce faire à quitter leur milieu habituel, leurs amis et leurs collègues de travail. Il est possible également qu'ils se trouvent à une période de leur vie qui leur permet plus difficilement d'assumer des risques professionnels et financiers aussi importants que ceux qui sont généralement requis par la création ou l'achat d'une entreprise. Ainsi, le jeune professionnel qui vient d'acquérir une propriété et de fonder une famille, ou encore le cadre expérimenté qui jouit d'avantages sociaux importants qui risquent d'être significativement compromis par un départ, hésiteront probablement à se lancer dans une carrière d'entrepreneur. Dans de tels cas, devenir intrapreneur peut leur permettre d'exploiter leur potentiel entrepreneurial, sans assumer personnellement tous les risques inhérents à leur intraprise. Ils risquent bien sûr leur crédibilité personnelle, mais pourront continuer à jouir d'une certaine sécurité sur le plan matériel.

Le type de vision concernée par l'innovation

Certains types de visions sont fondamentalement plus intrapreneuriales qu'entrepreneuriales. En effet, il est possible que l'innovation envisagée par l'individu soit directement liée aux activités de l'entreprise où il travaille et que les effets qu'elle permet de prévoir soient fondamentalement de nature à élargir ses perspectives, son développement, ou à la conduire vers une expansion. Dans un tel cas, sa concrétisation ne prend un sens que dans la mesure où l'individu peut rester à l'intérieur de son organisation. L'intrapreneuriat est alors préférable à l'entrepreneuriat.

Il en va de même pour bon nombre d'innovations sociales et organisationnelles. L'innovation sociale, qui a pour fin principale d'améliorer le milieu, la qualité de vie et l'environnement, prend souvent forme dans des organisations publiques ou de très grandes entreprises privées. L'intrapreneur s'y trouve conséquemment mieux positionné pour influencer avec succès les systèmes et les sous-systèmes concernés. Quant à l'innovation organisationnelle, sa nature même veut qu'elle germe dans une entité qui existe déjà, puisqu'elle consiste à concevoir de nouvelles façons de faire par rapport aux pratiques traditionnelles de l'organisation. L'intrapreneur doit alors s'inscrire dans une problématique organisationnelle déjà prédéterminée.

L'importance du capital nécessaire

Si la naissance d'une idée ne requiert généralement qu'une bonne dose de créativité et quelques onces de matière grise, il en va tout autrement lorsqu'il s'agit de lui faire prendre forme et d'en faire un succès dans l'organisation et sur les marchés qu'elle vise. La disponibilité des ressources financières devient presque toujours un facteur crucial à cette étape de concrétisation de l'idée.

Un article récent[6] rapportant l'expérience vécue par cinq ingénieurs ayant chacun de son côté créé un nouveau produit illustre bien tout le problème de ceux qui sont d'habiles concepteurs, mais qui sont confrontés au manque de ressources financières pour raffiner leur prototype ou pour passer à la phase de la commercialisation. Pour ces créateurs, le financement de la finalisation de leur projet semble constituer la principale pierre d'achoppement. Il faut souvent beaucoup d'argent pour tester des prototypes, sonder le marché et le convaincre d'utiliser le produit ou le service proposé. Cela est encore plus vrai lorsque l'innovation est radicale, au sens où elle propose un concept que le consommateur ne connaît pas encore. Il faut investir pour vendre un nouveau moyen de répondre à des besoins déjà ciblés par des produits existants.

---

6. Gagnon, C., « L'éclair de génie... », *Revue Plan* (le mensuel du Génie québécois), 31(9), novembre 1994, p. 12-16.

Le capital nécessaire doit parfois être considérable, pour pouvoir couvrir toutes les étapes de la mise en œuvre de l'innovation. Il faut souvent s'approprier des actifs, acquérir des outils de production ou des technologies, s'adjoindre des collaborateurs spécialisés et compétents et, au bout du compte, trouver un positionnement et des modes de mise en marché appropriés pour rentabiliser l'idée de départ. L'importance du capital requis pour réaliser le projet innovateur d'un individu influence donc généralement beaucoup le choix qu'il fera entre mettre au point et commercialiser lui-même son projet ou le réaliser pour le compte d'une entreprise prête à mettre à sa disposition l'argent nécessaire.

La nécessité de ressources spéciales

Par-delà les capitaux, d'autres types de ressources peuvent être absolument nécessaires à l'individu qui mène un projet innovateur. Ainsi, il pourra avoir besoin d'équipements sophistiqués ou de matériel à la fois très spécialisé et fort coûteux, qu'il n'est pas toujours possible de s'offrir quand on travaille seul.

Il en va de même pour la nécessité de faire appel aux services de spécialistes, que ce soit pour parfaire le concept ou pour contribuer à la mise en marché du produit. L'individu aura beau être le plus créatif possible, il n'a pas toujours toutes les connaissances et habiletés requises pour mener son projet à terme. Il doit alors pouvoir compter sur des compétences professionnelles dépassant celles du simple exécutant. De tels services s'avèrent généralement très coûteux, voire inabordables pour l'intrapreneur qui ne possède pas d'importantes ressources financières. On se doute bien qu'il s'agit là d'un facteur qui influence l'intrapreneur dans sa décision d'inscrire son projet dans le cadre de l'entreprise où il travaille plutôt que de faire cavalier seul. L'entreprise déjà bien établie et qui possède certaines ressources est souvent plus en mesure de lui permettre l'accès aux services des spécialistes avec lesquels il devra réaliser une synergie pour concrétiser son idée de départ.

Test : INTRAPRENDRE OU ENTREPRENDRE ?

Répondez par oui ou par non aux questions suivantes :

---

1. Un salaire régulier et constant est-il important pour vous ?

2. Préférez-vous une situation stable avec peu de changements sur le plan des conditions de travail et des fonctions ?

3. La sécurité est-elle un besoin très important chez vous ?

4. Votre projet d'innovation requiert-il de gros investissements financiers ?

5. Votre projet d'innovation vous obligera-t-il à utiliser des équipements onéreux dont dispose déjà votre employeur actuel ?

6. L'entreprise où vous travaillez dispose-t-elle de certaines compétences qu'il faudrait vous associer pour la réussite de votre projet ?

7. Avez-vous un fort besoin de vous appuyer sur la crédibilité de votre employeur actuel pour parvenir à faire valoir votre projet auprès de clientèles éventuelles ?

8. L'âge de votre entreprise est-il un facteur de confiance crucial aux yeux du client potentiel pour le type de projet auquel vous songez ?

9. Votre projet d'innovation est-il complémentaire aux activités de l'entreprise qui vous emploie ?

10. Votre projet pourrait-il faire l'objet de la création d'une nouvelle unité ou filiale à l'intérieur de votre entreprise ?

Si vous avez répondu *oui* à plus de 6 questions, vous trouveriez probablement beaucoup d'avantages à opter pour la fonction intrapreneuriale.

La captivité relative de l'intrapreneur

Il existe également des situations où l'intrapreneur est plus ou moins dépendant de l'entreprise au sein de laquelle il travaille. Cette dépendance peut d'abord tenir à la crédibilité plus ou moins grande que les systèmes-clients requièrent de l'entreprise selon le produit ou le service à créer. Pour certains types de produits ou de services, par exemple, le client n'accorde d'emblée sa confiance qu'à des entreprises qui ont fait leurs preuves et qui sont déjà sur le marché depuis plusieurs années. Le passé d'une entreprise est souvent garant de ses pratiques futures sur les plans de la qualité, de la fiabilité et du service après-vente. On aime avoir le sentiment qu'on pourra compter sur une entreprise en cas de problèmes avec le produit ou le service auquel on a donné son aval. L'intrapreneur qui songe à un concept s'adressant à une clientèle qui manifeste ce type d'attentes doit pouvoir compter sur le soutien que peut lui apporter la crédibilité déjà acquise par son entreprise sur ses marchés. Il est alors plus ou moins captif de l'entreprise qui l'emploie.

Il en va de même dans les situations où l'intrapreneur a besoin de différents réseaux établis avec d'autres organisations pour mettre au point et faire accepter son concept. L'entreprise dans laquelle il travaille a souvent réussi à tisser d'étroites relations avec les partenaires dont il a besoin. Quitter l'entreprise risque alors de le couper de ces réseaux essentiels. Encore là, il s'agit d'un risque sérieux, car sa position et ses ressources ne lui permettent pas toujours d'emporter l'adhésion de ces partenaires, extérieurs à son projet, mais dont la collaboration est essentielle pour en assurer le succès. Il s'agit donc là d'un autre élément qui contribue à rendre l'intrapreneur plus ou moins captif de son entreprise.

4.6 CONCLUSION

Nous venons de voir les caractéristiques, les rôles et les défis majeurs de l'intrapreneur ou de l'équipe intrapreneuriale. Il importe maintenant de prendre en compte les exigences qui se posent aux entreprises soucieuses d'augmenter la vitalité intrapreneuriale dans leur bassin de ressources humaines. Cette question et les enjeux qui l'entourent seront plus longuement exposés dans les deux prochains chapitres, dont l'un est consacré au contexte des petites entreprises. Comme on le verra plus loin, l'émergence et le développement de l'intrapreneuriat se posent différemment selon la taille et les ressources dont dispose l'entreprise.

5

Comment stimuler l'intrapreneuriat
dans la grande entreprise

*Celui qui trouve sans chercher est souvent celui qui a long-
temps cherché sans trouver...*

Gaston Bachelard

Pendant plusieurs années, on a fait une distinction entre les entreprises innovatrices, animées par un « esprit d'entreprise », et les autres, dont la gestion avait un caractère bureaucratique et dont les pratiques étaient centrées sur l'efficience, qui consiste à produire un maximum de biens avec un minimum de ressources et au moindre coût. La turbulence qui caractérise le monde des affaires aujourd'hui et la concurrence accrue par le décloisonnement des marchés remettent complètement en cause cette vision cloisonnée des deux philosophies managériales. À l'heure où le changement est devenu une constante, tout le monde doit innover pour survivre. Pour ce faire, bon nombre de grandes entreprises ont commencé à voir l'importance de l'intrapreneuriat pour stimuler l'innovation par la créativité et le dynamisme de leurs employés.

L'attitude est nouvelle et elle est commandée par l'urgence de se revitaliser de l'intérieur pour mieux se déployer sur des marchés en effervescence. Bon nombre de grandes entreprises étaient, il y a encore peu de temps, connues pour leur tendance à éviter les employés entrepreneurs, qui étaient perçus comme des fauteurs de trouble et même des « délinquants », sans cesse opposés au *statu quo* et aux pratiques traditionnelles de l'entreprise. Dans un contexte où plus personne ne sait ce que demain apportera comme défis, on prône de plus en plus l'avènement de l'organisation intelligente, de l'organisation qui apprend. Et ces mêmes entreprises ont changé d'attitude : la « déviance créatrice » intrapreneuriale est maintenant non seulement tolérée, mais recherchée. La grande entreprise menacée de sclérose par le conformisme qu'elle a si longtemps recherché est à la recherche d'individus capables de l'aider non seulement à trouver de nouvelles réponses, mais aussi et surtout à se poser de nouvelles questions, puisque celles d'hier ont cessé d'être pertinentes.

Cela dit, le changement souhaité vers un développement intrapreneurial n'est pas toujours facile à réaliser. Il ne suffit pas de dire qu'on souhaite un changement pour qu'il se réalise effectivement. Le développement de l'intrapreneuriat a des exigences qui vont souvent à l'encontre des pratiques de gestion qu'on a valorisées pendant des années. Le passé pèse lourd sur les mentalités et le défi est alors de réussir l'articulation de deux pratiques divergentes. Koenig[1], qui présente l'intrapreneuriat comme un « mariage du feu et de l'eau », mesure fort bien les tensions qui existent entre la fougue intrapreneuriale et le fonctionnement bureaucratique des grandes organisations. Il parle du heurt de deux logiques, qui s'affrontent à travers les positions des garants du renouveau et celles des gérants de la continuité. Dans un tel contexte, les points de friction ne manquent pas et les obstacles à l'intrapreneuriat sont nombreux. Nous nous intéresserons donc dans un premier temps aux plus importants de ces obstacles.

5.1 LES FREINS À L'INTRAPRENEURIAT

La taille même de l'entreprise constitue un premier obstacle à l'innovation. Geneen[2] a amplement dénoncé l'inertie des monstres industriels que sont devenues les grandes entreprises. Lorsque les changements dans l'environnement se succèdent au rythme que l'on connaît présentement, la flexibilité et la diminution du temps de réponse deviennent des atouts stratégiques. Plusieurs grandes entreprises, conscientes de ce fait, ont commencé à alléger leur ossature en se transformant en un ensemble de sous-unités (souvent appelées « centres de profit ») aux filiales de plus petite taille, de façon à transformer l'éléphant qu'elles étaient devenues en kangourou qui peut courir et sauter d'une oppor-

---

1. Koenig, G., « Intrapreneurship », *Encyclopédie Française de Gestion*, tome 2, 1989, p. 1599-1614.

2. Geneen, H., « Why intrapreneurship doesn't work », *Venture*, 7(1), janvier 1985, p. 46-52.

tunité à l'autre. General Electric constitue un bon exemple de cette réalité, sa mission énonçant clairement son désir d'être une entreprise hybride, une « petite-grande » entreprise qui profite des ressources de la grande et de l'adaptabilité de la petite pour mieux affronter la concurrence.

Dans le même ordre d'idées, on remet sérieusement en cause le mythe de la grande taille comme source d'économies, qu'il s'agisse d'économies d'échelle, d'économies d'apprentissage ou d'économies de champ. Marchesnay et Julien[3] traitent d'ailleurs largement des limites de la grande taille au regard de ces types d'économies, faisant ressortir clairement que la taille optimale d'une entreprise n'est pas nécessairement la plus grande taille. « Small is beautiful » est en train de devenir le mot d'ordre des entreprises les plus performantes. Marchesnay et Julien écrivent d'ailleurs à ce sujet :

> Les managers des organisations géantes ont pris conscience des excès de la centralisation et prônent le retour à des unités de gestion plus petites et plus autonomes. Les vertus de la « convivialité » ne sont plus sacrifiées sur l'autel de la rentabilité... On voit ainsi fleurir dans les grandes entreprises des pratiques de cercles de qualité, de « micro-culture d'entreprise », d'intrapreneuriat ; afin d'alléger la structure, sont encouragées les pratiques d'essaimage, les créations d'unités de production extérieures, en relation ou non avec les activités de l'essaimeur. (p. 3)

Cette lourdeur structurelle des grandes entreprises n'est certes pas étrangère à un deuxième obstacle, constitué par l'autonomie insuffisante dont disposent les employés pour apporter de nouvelles réponses et soulever des questions plus pertinentes. Plus l'entreprise est grande et son fonctionnement lourd, plus il faut y multiplier les niveaux hiérarchiques et les centres décisionnels, pour s'assurer que les équipiers ne s'écartent pas de la trajectoire et qu'ils rament tous dans le même sens et au même rythme. L'organisation prévaut sur les individus qui l'habitent, et ces derniers se voient contraints de se soumettre à un ensemble de règles et de pratiques administratives conçues pour un « employé moyen uniforme », qui dans les faits n'existe pas.

Dans un tel contexte, il est parfois difficile pour l'individu innovateur de faire valoir l'intérêt de ses idées auprès des personnes qui ont l'autorité nécessaire pour en juger et surtout le pouvoir de lui

---

3. Marchesnay, M. et P.A. Julien, « The small business as a transaction space », *Entrepreneurship and Regional Development*, vol. 2, 1990.

allouer des ressources pour les réaliser. La surabondance de règles à suivre, de cheminements à respecter et d'autorisations à demander a sûrement réussi à tuer dans l'œuf des idées intéressantes, qui auraient mérité d'être prises en compte et exploitées par l'entreprise. La complexité structurelle et décisionnelle peut facilement devenir sclérosante, en maintenant l'organisation dans un *statu quo* stérile.

L'incompatibilité fréquente entre le processus menant à l'innovation et les systèmes de planification de la grande entreprise constitue un troisième obstacle. En effet, la plupart des systèmes de planification qu'on a instaurés et raffinés depuis des années dans les entreprises s'avèrent incapables de faire place aux aspects imprévisibles découlant de toute innovation. D'ailleurs, dans un contexte où l'on survalorise les vertus de la planification, la compétence d'un gestionnaire s'évalue souvent à sa capacité de minimiser les écarts entre les objectifs et les programmes d'action établis initialement et ceux qu'on a effectivement pu poursuivre et atteindre, plus ou moins, par la suite.

Une fois le schéma arrêté, toute la planification subséquente doit s'y conformer ou tout au moins s'y adapter. Les processus innovants sont rarement capables de s'inscrire aussi rigoureusement dans une trajectoire dont on connaît à l'avance et les balises et les résultats escomptés. Deux logiques s'opposent donc ici: faut-il tenter de tout uniformiser et contrôler ou doit-on plutôt accepter une progression de type essai-erreur?

Tableau 5.1

Dix freins à l'intrapreneuriat

1. La lourdeur structurelle.
2. L'autonomie insuffisante des employés.
3. L'incompatibilité entre le processus d'innovation et les systèmes de planification.
4. La lenteur à tester les idées nouvelles.
5. L'insuffisance des ressources accordées aux innovateurs potentiels.
6. Des modes d'organisation du travail marqués par une surspécialisation des individus.
7. Une culture intolérante à l'échec.
8. La surabondance de systèmes de contrôle.
9. Des modes de rémunération inadéquats.
10. L'absence de récompenses stimulantes pour les innovateurs.

Un quatrième obstacle important peut provenir de nos modes d'organisation du travail, encore trop empreints de taylorisme. Nos grandes organisations ont été forcées par les contextes antérieurs à adopter des pratiques d'organisation fondées sur une rupture entre la conception et l'action et sur une dichotomie conséquente entre la formulation d'un projet et sa mise en œuvre. Le travail est subdivisé en sous-unités de plus en plus spécialisées, au travers desquelles l'individu ne finit par réaliser que des actions isolées, limitées et qui ne lui permettent pas toujours d'en comprendre la valeur et la portée. Nous avons encouragé la formation d'une génération de spécialistes, dont on confine les compétences dans des zones de performance souvent très étroites. Et pourtant, on rapporte souvent que les non-initiés et les personnes étrangères à un champ de spécialisation sont souvent plus en mesure de trouver de nouvelles solutions aux problèmes qui se posent, parce qu'elles ne sont pas arrêtées par un ensemble de règles, d'idées reçues et de façons de faire propres à une spécialisation.

Dans le même ordre d'idées, la surspécialisation des tâches s'avère peu propice pour amener les employés à requestionner leurs façons de faire, à détecter des opportunités ou à rechercher des zones d'amélioration possible. Chacun n'est concerné que par un aspect parcellaire du produit à fabriquer ou du service à offrir et doit donc limiter ses réflexions à cette seule partie du travail qu'il maîtrise et contrôle. Le problème de la surspécialisation des fonctions a les mêmes effets pervers que celle des tâches. Combien de fois n'a-t-on pas vu, en effet, s'affronter les spécialistes en R & D et ceux des services de marketing à propos des améliorations à apporter au produit ou des changements à favoriser dans sa gamme ? Les services des finances, de la commercialisation, de la production, de la gestion des ressources humaines (et j'en passe) travaillent trop fréquemment dans un environnement qui les pousse à agir de façon trop cloisonnée et en adoptant des règles particulières, qui finissent par se heurter mutuellement et ne plus laisser place à l'échange.

L'innovation supporte mal un tel conditionnement : elle a besoin de décloisonnement, d'échanges interfonctionnels et d'une inter-fécondité des idées qui s'accommode mal des frontières structurelles et culturelles des différentes spécialités. La surspécialisation des tâches n'est pas de nature à favoriser la synergie créatrice.

Un cinquième obstacle réside dans les systèmes de rémunération et de récompenses, qui ne sont pas adéquats pour encourager les individus innovateurs et reconnaître l'importance de leur travail. Dans bon nombre de grandes entreprises, la rémunération est basée sur des critères tels que :

- l'ancienneté dans l'organisation,
- le nombre d'années d'expérience dans le secteur,
- le degré de spécialisation de la fonction,
- le niveau hiérarchique,
- la complexité plus ou moins grande de la tâche,
- la rareté relative de la spécialisation requise pour la fonction occupée.

Bien que de tels critères soient d'une certaine façon nécessaires pour assurer l'uniformité et l'équité en matière de rémunération, ils sont axés sur la reconnaissance de l'aptitude de l'employé à s'inscrire dans un cadre défini de résultats à obtenir et de compétences à démontrer. Ils permettent de s'assurer que chacun obtiendra un traitement comparable à celui des autres employés de son niveau, en échange d'efforts dont il connaît d'avance la nature et l'ampleur.

Force est de reconnaître cependant que ces critères laissent peu de possibilités pour encourager l'individu à prendre des risques que tous ne sont pas prêts à prendre et à s'écarter des sentiers battus. Dans les organisations où l'on privilégie l'ordre et le respect des règles, il est d'autant plus dangereux de sortir des balises fixées que cela comporte beaucoup d'inconnu et de risques d'échecs. Les modes de rémunération prévoient plutôt de récompenser ceux et celles qui font très bien ce à quoi on s'attend d'eux, et rien n'est prévu pour les employés qui proposent plutôt de nouvelles voies ou de nouveaux moyens pour performer sur le marché. Il est rare qu'on ait une rémunération particulière pour des fonctions requérant plus de créativité et d'imagination que de capacité à s'adapter à un cadre précis d'objectifs et de méthodes déjà déterminés.

La même remarque s'applique au type de récompenses qui sont accordées par les entreprises à ceux qui auront non seulement accepté de prendre des risques en innovant, mais qui auront réussi par cette initiative à améliorer la situation de l'entreprise. Il s'agit d'un apport particulier, qui devrait faire l'objet de récompenses tout aussi particulières. Pourtant, la plupart des grandes entreprises se sentent assez démunies face à cela. Des systèmes de récompenses sont parfois prévus pour ceux qui réussissent à faire mieux que les autres en ce qui a trait à des objectifs qu'on leur avait fixés. Mais on a rarement songé à la façon de récompenser ceux qui font « autre chose » que ce qu'on leur avait demandé, et qui vont même jusqu'à faire changer l'itinéraire initial de l'entreprise.

Il semble que la récompense qu'on offre le plus souvent à l'intrapreneur qui réussit soit la promotion. Pourtant, comme on le verra plus loin, il s'agit d'un type de reconnaissance qui se révèle souvent fort éloigné des besoins et des aspirations profondes de l'intrapreneur.. Avoir plus de pouvoir grâce à un poste comportant plus de responsabilités l'intéresse en effet beaucoup moins que d'accroître sa liberté et sa marge de manœuvre pour continuer d'innover. Il reste encore beaucoup de chemin à parcourir pour convaincre les organisations que l'homme n'est pas qu'un être économique. Il aspire également à se réaliser, à apporter sa pierre à l'édifice. Mais encore faut-il qu'on puisse récompenser cette contribution essentielle d'une façon qui fait du sens pour lui.

Enfin, la culture organisationnelle constitue souvent un sérieux obstacle à l'innovation et à l'intrapreneuriat. C'est le cas en l'occurrence des philosophies de gestion qui ne laissent aucune place à l'erreur. Comme le soulignent Peters et Waterman[4], la rationalité qui a cours aujourd'hui n'attache aucune valeur à l'expérimentation et déteste l'erreur. Le conservatisme qui mène à la mise sur pied de « groupes d'études ou d'analyse » qui durent souvent des années confronte les hommes d'affaires au piège de l'analyse qui paralyse. Dans bon nombre d'entreprises d'ailleurs, la tradition veut qu'on punisse l'erreur, sans égard au fait qu'elle soit mineure ni même utile éventuellement.

Ce faisant, on oublie les vertus de l'action et de l'expérimentation. Pour trouver, il faut chercher en faisant des expériences. Les plus grands succès ont souvent été précédés de multiples échecs, qui ont servi à découvrir de nouvelles façons d'aborder les objecifs de l'entreprise. Les entreprises les plus performantes l'ont compris, et elles donnent priorité à l'action. Elles désirent que leurs employés agissent, et non seulement elles tolèrent les échecs, mais elles les encouragent, pourvu qu'ils ne soient pas répétés et qu'ils servent de moyen de s'ajuster.

Les valeurs qui sont véhiculées par la culture de l'entreprise ont également une influence cruciale sur la tendance plus ou moins grande des employés à innover. Elle leur envoie des messages sur ce qui a du

---

4. Peters, T. et R. Waterman, *Le prix de l'excellence*, Paris : Inter Éditions, 1983.

Test: L'ENTREPRISE EST-ELLE
UN TERRAIN PROPICE À L'INTRAPRENEURIAT?

Répondez par oui ou par non aux questions suivantes:

1. Les structures de l'entreprise sont-elles ainsi conçues qu'il est facile pour un intrapreneur d'y émerger?

2. Un employé qui a un projet d'innovation a-t-il un interlocuteur dans l'entreprise à qui il peut le présenter?

3. L'entreprise tolère-t-elle les erreurs et les échecs?

4. L'employé a-t-il le droit à l'échec dans l'entreprise?

5. L'entreprise accepte-t-elle de mettre des ressources à la disposition des employés qui ont une idée à développer?

6. L'entreprise encourage-t-elle les employés à sortir des sentiers battus?

7. Y a-t-il des récompenses, financières ou autres, prévues pour les individus ou les groupes qui réussissent une innovation?

8. L'entreprise valorise-t-elle la formation d'équipes de travail informelles?

9. Les structures favorisent-elles la formation d'équipes de travail informelles?

10. Les structures permettent-elles le travail interdisciplinaire et les comités multifonctionnels?

11. Les structures prévoient-elles des comités de travail multifonctionnels?

12. Les employés peuvent-ils y fonctionner sans demander d'autorisation dans la plupart des cas?

13. Le risque est-il encouragé à tous les niveaux de l'entreprise?

14. Le type d'organisation du travail établi dans l'entreprise permet-il de diminuer la spécialisation des tâches?

15. Les employés qui innovent sont-ils présentés comme des héros ou des modèles?

Plus le nombre de questions auxquelles vous avez répondu *oui* est élevé, plus la possibilité pour les employés d'y innover est élevée.

prix et de l'importance pour l'entreprise. Des cultures qui tentent d'inculquer à leurs membres les vertus de la conformité, de l'obéissance, de l'ordre et du respect des normes incitent forcément au conservatisme et au *statu quo*. Une action anarchique peut dans certains cas être préférable à une inaction ordonnée. Bon nombre de grandes entreprises auraient avantage à réfléchir à cela pour comprendre les sources de leur immobilisme.

Le test « L'entreprise est-elle un terrain propice à l'intrapreneuriat ? »proposé dans le présent chapitre, peut être un excellent guide de réflexion pour amorcer un diagnostic, et surtout pour déterminer les zones d'amélioration à viser si on veut favoriser l'innovation venant de la base.

5.2 COMMENT CRÉER UN ENVIRONNEMENT PLUS INTRAPRENEURIAL

Partant des obstacles que nous venons d'énumérer, on peut d'ores et déjà amorcer une réflexion plus précise sur les moyens à envisager et à mettre en place pour amener un plus grand nombre d'employés à agir comme des intrapreneurs. On s'intéressera donc principalement, dans cette section, aux aspects managériaux susceptibles d'avoir une influence positive cruciale sur l'atteinte plus ou moins grande de cet objectif.

5.2.1 Créer une culture entrepreneuriale

La présence d'une culture entrepreneuriale constitue l'apport le plus important au regard du développement d'une organisation flexible et innovante. Hobbs et Poupart[5] ont fort bien posé les principales caractéristiques de ce type de culture :

— elle est à la fois entrepreneuriale et managériale ;

— elle est dite managérialement centralisée, **au sens où le sommet hiérarchique impose aux employés quelques valeurs fondamentales sur lesquelles on n'accepte aucun compromis ;**

---

5. Hobbs, B. et R. Poupart, « L'organisation entrepreneuriale : est-ce possible ? », *Gestion. Revue Internationale de Gestion*, HEC, septembre 1988, p. 40-46.

- ce qui doit avoir du sens pour les individus qui habitent l'organisation est clairement énoncé et connu de tous ;
- on insiste très fortement sur les valeurs de base.

Il importe de voir que cette culture est en même temps entrepreneurialement **décentralisée**, au sens où l'autonomie décisionnelle et fonctionnelle est refoulée le plus près possible des employés ou des équipes responsables des opérations, du produit ou du service. L'action est ainsi impitoyablement décentralisée, et les employés ont toute la latitude nécessaire pour maximiser leurs résultats à travers des méthodes et des processus de travail sur lesquels on leur laisse un grand pouvoir de décision.

La satisfaction du client est présentée comme une deuxième caractéristique de la culture entrepreneuriale. « Qualité, service et fiabilité forment la Sainte Trinité de la religion entrepreneuriale et l'innovation est son état de grâce[6]. » (Hobbs et Poupart, 1988) Dans cette culture, on cherche constamment les niches, les créneaux, on pense en fonction du client. On comprend bien que l'innovation procède par petits pas plutôt que par sauts. Un tel contexte valorise d'abord les individus ou les groupes qui découvrent des façons de mieux servir le client plutôt que ceux qui se concentrent sur la préservation des processus et des systèmes. L'adaptabilité devient le mot d'ordre qui empêche l'organisation de se replier sur elle-même ou, pire encore, de tomber dans le piège de la complaisance.

Enfin, la culture entrepreneuriale est tolérante à l'égard de l'erreur. Elle est consciente que les échecs constituent des occasions d'apprentissage lorsqu'on sait s'en servir pour modifier les manœuvres ultérieures et s'en faire un tremplin pour mieux sauter la fois suivante. Les échecs sont d'ailleurs bien souvent incontournables sur la route parfois longue qui mène au succès. Ainsi, des études ont démontré que les entreprises minières qui ont le plus de succès ne sont pas celles qui disposent des équipements les plus perfectionnés, mais plutôt celles qui creusent le plus de puits. Elles ont des succès parce qu'elles font plus d'essais, mais faire plus de tentatives entraîne également plus d'erreurs.

---

6. *Ibid.*, p. 43.

5.2.2 *Favoriser l'émergence d'intrapreneurs*

On a vu précédemment que la lourdeur des structures et la complexité organisationnelle qui en découle sont généralement peu propices à l'émergence d'intrapreneurs. Les individus ou les groupes potentiellement innovateurs sont ainsi souvent perdus ou noyés dans la masse. Pire encore, ils peuvent être paralysés sous le joug de certains gestionnaires qui ne partagent pas nécessairement la vision des hauts dirigeants de l'organisation, si intrapreneuriale soit-elle. Certains de ces gestionnaires peuvent même se sentir menacés par le fait qu'un de leurs employés manifeste de façon trop évidente des talents novateurs et entrepreneuriaux qu'ils ne possèdent pas nécessairement eux-mêmes. Dans un tel contexte, l'émergence d'un nombre de plus en plus grand d'intrapreneurs relève du dépistage.

En conséquence, il faut créer et mettre en place des lieux pour accueillir les idées et les projets des éventuels intrapreneurs. La première section de l'ouvrage présente des pistes intéressantes à cet égard. Une telle volonté peut prendre plusieurs formes. Ainsi, on pourrait décider de créer un poste de responsable de l'étude des opportunités ou encore des programmes d'accueil des projets innovateurs. Encore faut-il que tous sachent que l'entreprise doit être mise au courant le plus rapidement possible de toute idée ou de tout projet susceptible d'améliorer ses activités. Peu importe cependant la structure choisie comme mécanisme d'accueil, il est essentiel qu'elle soit constituée d'individus neutres. Il faut éviter que des gestionnaires qui supervisent quotidiennement les tâches des intrapreneurs potentiels agissent comme arbitres quant à la recevabilité des idées ou projets présentés.

Ce dépistage des intrapreneurs doit également être appuyé par des messages clairs envoyés à l'ensemble des employés pour leur faire savoir que l'innovation est grandement recherchée et valorisée par l'entreprise. Encore là, différents canaux peuvent être privilégiés. On peut par exemple décider d'utiliser la présentation de « modèles » stimulants pour amener plus d'employés à innover. L'apprentissage par imitation constitue un des outils les plus efficaces pour amener les gens à changer leurs attitudes et à adopter de nouveaux comportements. L'entreprise désireuse de s'inscrire dans ce type de stratégie peut mettre en évidence et publiciser de façon régulière des exemples d'employés ayant mis en œuvre avec succès une innovation, présentant alors ces individus (il peut aussi s'agir de groupes) comme des héros ou des champions dont on reconnaît l'utilité pour l'entreprise. Cette utilisation de modèles est d'autant plus efficace qu'elle met les employés devant des réussites qui sont à leur propre portée. Le héros est alors quelqu'un qu'on se sent capable d'égaler ou d'imiter.

Comme on l'a vu précédemment, l'existence de « programmes de suggestions » dans bon nombre de grandes entreprises est déjà un premier pas vers le développement de la créativité chez les employés. Bien sûr, ces programmes ne visent que la première étape du processus d'innovation, soit celle de l'éclosion d'une idée nouvelle. On ne peut donc en conclure qu'ils conduisent directement à l'intrapreneuriat, puisqu'ils excluent souvent le générateur d'idées de l'étape de la mise en œuvre. Toutefois, l'étude sur ces programmes, présentée dans le chapitre 2, démontre que de plus en plus d'entreprises décident d'associer l'employé imaginatif à la concrétisation de son idée, dans la mesure où il possède les compétences et les connaissances nécessaires. La participation d'un employé à un tel programme peut constituer pour lui un déclencheur dans la prise de conscience du potentiel qu'il a pour aider l'entreprise à devenir meilleure. L'idéateur d'aujourd'hui annonce peut-être ainsi l'intrapreneur de demain.

5.2.3 *Rendre l'organisation du travail plus flexible*

Les règles des marchés traditionnels, basées sur les économies d'échelles recherchées dans la production de masse, ont conduit bon nombre d'organisations à une trop grande division du travail et à une surspécialisation des fonctions. Pour favoriser l'intrapreneuriat susceptible d'augmenter la flexibilité de l'entreprise, il faut opérer un renversement. Il s'agit plutôt de diminuer la parcellisation des tâches et d'élargir et d'enrichir la perspective des employés en leur donnant un champ d'action plus stimulant et plus vaste.

La polyvalence doit donc être préférée à la spécialisation, et lorsque la division du travail est nécessaire, elle doit permettre à chacun d'avoir des tâches qui dépassent la simple exécution. Les frontières professionnelles gagnent également à être ouvertes et même abolies. Il faut se concentrer sur les résultats plutôt que sur les processus. Dans un tel contexte, on multiplie les échanges entre les différents spécialistes, pour élargir la perspective dans laquelle on envisage la mise en œuvre des idées et des projets. Les titres et le niveau hiérarchique cessent alors d'être des prétextes à des luttes de pouvoir et à la formation de clans qui se heurtent mutuellement.

5.2.4 Récompenser adéquatement les intrapreneurs

Comme nous l'avons souligné précédemment, les modes de rémunération traditionnels permettent rarement de récompenser les intrapreneurs d'une façon qui rende compte de la valeur de leur contribution. Les salaires sont en général fixés pour un travail dont les exigences et les résultats sont déjà déterminés. L'entreprise qui veut inciter ses employés à prendre plus de risques en innovant doit accorder beaucoup d'importance aux récompenses qu'elle est en mesure de leur proposer en cas de réussite. Dans bon nombre de cas, rien de concret n'est fait pour remercier les employés de leur contribution particulière au succès de l'entreprise. L'employé, par ailleurs, ne risque jamais d'être licencié parce qu'il n'est pas assez innovateur. Il pourrait cependant l'être, à l'inverse, si on le jugeait trop innovateur, parce qu'il a fait prendre à l'entreprise trop de risques. Cette prise de risque de la part de l'intrapreneur doit donc être récompensée concrètement, d'une façon qui est valorisée par ce dernier.

Rappelons ici que la plupart des grandes entreprises considèrent la promotion comme le meilleur moyen de récompenser les efforts de l'intrapreneur. Pourtant, la principale motivation de ce dernier n'est pas l'augmentation de son pouvoir dans l'entreprise, mais plutôt le besoin de réalisation personnelle. Conséquemment, ce qui l'intéresse le plus, c'est une marge de manœuvre et des ressources pour pouvoir mener à bien ses entreprises innovatrices.

Il ne faut pas oublier à cet égard que les entrepreneurs indépendants qui réussissent gagnent bien davantage que le prestige et l'argent : ils se donnent la liberté totale d'agir comme bon leur semble. Ils peuvent se permettre d'utiliser les profits de leur entreprise pour mener d'autres projets, sans avoir à rendre de comptes à personne. Il en va tout autrement pour l'intrapreneur. Ses succès ne lui assurent pas qu'il disposera des ressources dont il a besoin pour s'engager dans d'autres aventures. Sa seule intuition ne peut justifier son engagement dans des projets, il lui faut repartir de zéro, convaincre des gens, trouver des ressources et expliquer en détail toutes les étapes de son projet, ce qui n'est pas toujours facile à faire. Toute innovation est par nature porteuse d'une part d'incertitudes. L'intrapreneur, dans un tel contexte, risque de s'essouffler rapidement.

Partant d'un tel constat, Pinchot (1985) émet l'idée intéressante de récompenser l'intrapreneur qui réussit par l'allocation d'un « intracapital ». Cet **« intracapital » consiste en un budget discrétionnaire, sans limite de temps pour le dépenser, qui est accordé à**

l'intrapreneur pour financer un éventuel nouveau projet au sein de son entreprise. Il peut donc continuer à mettre en valeur sa créativité, sans avoir d'autorisation à demander. C'est une récompense inhabituelle, mais qui a du sens pour l'intrapreneur, pour qui elle est synonyme de liberté et de marge de manœuvre. C'est en quelque sorte pour l'entreprise miser sur des chevaux gagnants, puisqu'elle place alors son argent entre les mains d'un innovateur qui a déjà fait ses preuves. Ce faisant, elle dépasse le seul concept d'investissement et elle réussit à retenir à son service des gagnants qui auraient pu autrement décider d'utiliser leurs réussites intrapreneuriales pour devenir entrepreneurs à leur propre compte.

Un système d'intracapital devrait comporter les éléments suivants :

1. **Les intrapreneurs doivent prendre des risques au même titre que l'entreprise.**

   Cela peut prendre différentes formes. Dans certains cas, l'intrapreneur devra accepter de consacrer une certaine part de ses heures de loisirs pour préparer et peaufiner le projet. Dans d'autres, on peut lui demander de renoncer à toute augmentation de salaire, jusqu'à ce qu'il puisse compter sur une prime. Dans certains cas extrêmes, il pourrait devoir accepter une baisse de salaire contre un plan de récompense généreux en cas de succès. Une telle prise de risque engage l'intrapreneur et pourra justifier, auprès des autres employés, l'attribution éventuelle par l'entreprise de récompenses importantes.

2. **Il doit y avoir consensus sur la méthode qui sera utilisée pour mesurer le succès.**

   C'est sur ce point qu'on semble rencontrer le plus de difficultés. Tout d'abord les bénéfices générés par une innovation, ou une intraprise, ne sont pas toujours faciles à comptabiliser de façon précise. Plusieurs facteurs expliquent cette difficulté. Entre autres, il n'est pas toujours possible d'établir le coût de toutes les ressources et de tous les services qui ont contribué à la réussite du projet. Se pose aussi souvent la difficulté de déterminer la période sur laquelle il faut à la fois amortir les dépenses et les frais de développement et répartir l'intracapital qui sera éventuellement dégagé.

3. **Le partage des bénéfices**

    Les bénéfices du projet intrapreneurial sont distribués d'une manière qui fait consensus et qui assure à l'intrapreneur qui a réussi un capital qui accroîtra son autonomie pour les projets ultérieurs.

4. **Certaines questions doivent être réglées à l'avance.**

    Il faut avoir soin de tout prévoir. Dans certains cas, par exemple, il peut être utile de prévoir une part de l'intracapital sous forme de prime personnelle versée à l'intrapreneur, de façon à éviter qu'il songe à quitter l'entreprise pour créer la sienne. Il faut également décider de quelle manière on agira dans le cas où l'intrapreneur déciderait de quitter définitivement l'entreprise ou dans celui où l'intraprise qu'il a créée devrait être réintégrée dans un des services existants.

    Les primes à l'innovation peuvent également être utilisées pour récompenser les réussites de l'intrapreneur. Cependant, certains spécialistes[7] de la question signalent les difficultés que pose ce type de récompense. Selon eux, la prime semble, à première vue, une rémunération idéale pour l'innovateur. On peut souvent décider de la verser seulement après avoir constaté le succès du projet. Mais il faut bien distinguer la prime simple et/ou occasionnelle de celle qui s'intègre dans un plan de partage des profits. Dans ce dernier cas, seule la valeur de la participation pour la période où le plan est en vigueur peut être considérée comme une rémunération de l'intrapreneuriat.

    Un désavantage majeur[8] réside dans le fait que les techniques comptables traditionnellement utilisées dans les entreprises permettent rarement d'isoler la contribution financière réelle de l'intrapreneur. Dans un tel cas, la prime est difficile à calculer. Enfin, il semble que les primes n'encouragent que des innovations peu importantes, visant surtout à réduire les coûts ou à améliorer ce qui existe déjà.

---

7. Pour plus de détails à ce sujet, voir Brenner, G.A. et R. Brenner, « Intrapreneurship – Le nouveau nom d'un vieux phénomène », *Gestion. Revue Internationale de Gestion*, HEC, 13(3), septembre 1988, p. 10 23.

8. Ce désavantage a été souligné par H.G. Manne dans *Insider Trading and the Stock Market*, New York : Free Press, 1966.

5.3 L'INTRAPRENEUR ET SES ALLIÉS

Le parrain

L'intrapreneur, ou l'équipe intrapreneuriale, qui veut mener à bien un projet ne devrait pas constamment être confronté à des luttes d'influence ou des jeux de pouvoir qui auraient pour effet de limiter son accès aux ressources dont il a besoin. Il devrait par conséquent bénéficier de l'appui d'une personne assez influente pour le protéger lorsque c'est nécessaire.

Cette personne, qu'on appellera ici le *parrain*, n'a pas d'autorité hiérarchique sur l'intrapreneur et ne lui confiera aucune tâche. Ses fonctions sont variées. Il joue d'abord un rôle charnière entre la direction de l'entreprise et l'intrapreneur. À ce titre, il peut, par exemple, faciliter l'acceptation des propositions de l'intrapreneur par les responsables concernés. Son aide pourra aussi être précieuse lorsqu'il s'agira pour l'intrapreneur de demander les ressources, humaines, financières ou matérielles, nécessaires à la mise en œuvre de son projet.

L'harmonisation des projets de l'intrapreneur avec la politique générale de l'entreprise est le deuxième rôle important du parrain. À cet égard, il pourra aider l'intrapreneur à modifier son projet d'innovation de façon à assurer une synergie ou une complémentarité avec les activités de l'entreprise. Au contraire, dans les cas où l'innovation proposée par l'intrapreneur ne correspond pas aux activités de l'entreprise, le parrain pourra essayer de trouver des arguments pour convaincre la direction de s'engager dans une nouvelle voie.

Le parrain joue également un rôle de protecteur qui est généralement très important. Les projets d'un intrapreneur peuvent menacer les intérêts de certains individus ou de certains services. Il est également possible que l'innovation qu'il propose implique la participation étroite de services ou d'employés qui ne sont pas intéressés à collaborer. Des conflits internes, des jeux de pouvoir ou des luttes pour des ressources sont susceptibles de se produire. Le parrain devra alors intervenir pour atténuer les frictions et concilier les intérêts de toutes les parties.

Idéalement, le parrain devrait être une personne d'âge mûr, ayant une bonne expérience dans l'entreprise et disposant de toute la confiance de la direction générale. Selon Pinchot, ce parrain, qu'il appelle le *sponsor*, devrait être proche de la retraite, de façon à éviter que le pouvoir et l'estime que lui conféreront son rôle ne soient récupérés au bénéfice de sa carrière personnelle, au détriment de la réussite des projets de l'intrapreneur. Il serait par conséquent aussi plus disponible et plus à l'écoute de l'intrapreneur.

Les compétences complémentaires

Michel Callon[9], un expert reconnu en matière d'innovation, a dénoncé un certain nombre de mythes entourant la question. L'un de ces mythes est celui de l'innovateur solitaire. Selon lui, aucun mythe n'est plus faux et plus dangereux que celui-là. Les individus peuvent avoir des idées, mais généralement seules les collectivités sont en mesure de les faire aboutir. L'innovation est de part en part affaire d'organisation. «Edison et Steve Jobs de Apple : voilà autant de noms donnés à des collectifs comportant un grand nombre d'acteurs rassemblés en un même lieu et interagissant constamment pour mettre en forme l'innovation. » (Callon, p. 6)

En ce sens, l'intrapreneur peut difficilement rester un acteur isolé s'il veut déjouer le système et les procédures administratives normales pour parvenir à ses fins. Il aura forcément besoin d'alliés compétents et gagnés à sa cause pour franchir toutes les étapes nécessaires à l'aboutissement de son projet. Ainsi, il se peut qu'il soit rompu aux techniques de marketing et de commercialisation nécessaires à la mise en marché de l'innovation qu'il propose, mais que ses compétences techniques soient nettement insuffisantes pour en assurer la conception ou la fabrication.

À l'inverse, l'intrapreneur manque souvent de compétences commerciales pour déterminer la juste valeur de son innovation pour les clients potentiels ou pour atteindre les consommateurs visés. C'est d'ailleurs le cas de beaucoup d'inventeurs, qui minimisent trop souvent l'importance des investissements et des problèmes qui se présentent à l'étape de la mise en marché de leur produit. À cet égard, on a démontré que moins de 1 % des inventions brevetées rapportaient suffisamment de profits pour rembourser les coûts de conception et de fabrication et les frais de dépôt. Beaucoup moins encore, peut-être un sur cinq cents, permettent de dépasser le seuil de rentabilité.

---

9. Callon, M., « L'innovation technologique et ses mythes », *Gérer et comprendre*, n° 34, mars 1994, p. 5-17.

Il est fort possible qu'au début l'intrapreneur puisse se débrouiller seul pour trouver quelques alliés dans son propre réseau de relations en qui il a confiance pour combler ses lacunes dans certains domaines. Cependant, aussitôt que le projet prend de l'ampleur et requiert des compétences plus variées et plus spécialisées, il lui devient difficile de continuer à travailler avec le personnel qui est à sa disposition. Le parrain, ou un gestionnaire, doit alors se charger de lui assurer les services des spécialistes dont il a besoin pour mener à bien son projet.

5.4 EN GUISE DE CONCLUSION

Ce chapitre a traité en détail des contraintes qui entourent le développement de ressources humaines plus intrapreneuriales à l'intérieur des grandes organisations. Comme on l'a constaté, la lourdeur structurelle de ces organisations, leurs pratiques et les systèmes traditionnels de contrôle et de rémunération qu'on y trouve ne sont pas toujours propices à l'apparition de l'intrapreneuriat. Cependant, elles disposent généralement de ressources humaines et financières importantes, qui peuvent devenir des atouts précieux dans la marche vers des entreprises plus intrapreneuriales.

Quoi qu'il en soit, la grande entreprise n'est pas la seule à avoir besoin du souffle régénérateur de l'innovation pour rester compétitive dans un univers concurrentiel en mutation, où seuls les meilleurs survivront. Les entreprises de plus petite taille sont soumises aux mêmes aléas et doivent aussi innover constamment. Elles sont pourtant trop souvent oubliées lorsqu'on parle du développement nécessaire de l'intrapreneuriat pour assurer l'amélioration constante qui est actuellement nécessaire pour se distinguer sur les marchés. C'est pour pallier cette lacune que le prochain chapitre s'attarde aux spécificités de l'intrapreneuriat dans la PME. Comme on le verra, il ne suffit pas simplement de changer le dosage des ingrédients prescrits à la grande entreprise pour y semer la graine intrapreneuriale. Une PME n'est pas une « petite-grande » entreprise : c'est une entité particulière à plusieurs égards.

6
L'intrapreneuriat dans la PME

Rien n'est plus dangereux qu'une idée quand c'est la seule que vous avez...

Émile Chartier

Au cours des dernières années, on a beaucoup parlé de l'importance de l'intrapreneuriat, mais presque uniquement par rapport aux grandes entreprises. On avait probablement conclu, peut-être un peu trop rapidement, que la PME n'avait pas les ressources ni le type d'environnement nécessaires pour se préoccuper de cette question. Il est également possible que ce soient d'abord et avant tout les grandes organisations qui aient ressenti le besoin de sortir de leur léthargie pour innover de façon plus dynamique. Cette indifférence à l'égard de la PME n'en demeure pas moins étonnante.

En effet, la créativité et l'innovation qu'exige la concurrence féroce entraînée par la libéralisation des marchés sont tout aussi essentielles pour les PME que pour les grandes entreprises. Les PME participent à la formation d'un univers économique qu'elles partagent avec les grandes entreprises. Par conséquent, elles ont les mêmes occasions et également les mêmes contraintes. Cela exige donc que la PME se soucie elle aussi de l'émergence d'intrapreneurs si elle veut suivre le courant ou tout au moins se garder à flot. La complexité grandissante et les changements rapides qu'on observe dans bon nombre de secteurs rendent difficile, sinon impossible, l'exercice de la fonction d'innovateur par un dirigeant qui travaille seul ou entouré d'un nombre réduit de collaborateurs.

Ces considérations justifient donc que l'on consacre un chapitre au développement de l'intrapreneuriat dans la PME. Dans un premier temps, quelques points seront présentés pour expliquer davantage la nécessité de réconcilier les concepts d'intrapreneuriat et de PME. Puis, nous nous pencherons sur les spécificités de l'intrapreneuriat dans le contexte de la PME, puisque l'univers de cette dernière est fort différent de celui de la grande entreprise. Enfin, nous examinerons quelques voies possibles pour favoriser l'apparition de PME plus intrapreneuriales.

6.1 INTRAPRENEURIAT ET PME : DEUX RÉALITÉS À CONCILIER

Les caractéristiques de l'intrapreneur ne sont pas le propre des employés des grandes entreprises.

Cet individu créatif et entreprenant qu'est l'intrapreneur peut se retrouver dans n'importe quelle entreprise, sans égard à la taille, et même dans des organismes publics ou parapublics. En fait, les caractéristiques psychologiques qu'on a attribuées à l'intrapreneur peuvent être celles d'individus travaillant dans n'importe quelle organisation. Même si l'on a la conviction que l'esprit intrapreneurial ne dépend pas de caractéristiques personnelles déterminées, mais plutôt du milieu, on ne peut ignorer la préoccupation intrapreneuriale dans la PME. En effet, l'approche situationnelle prétend qu'on peut stimuler le sens de l'entrepreneuriat chez les employés si le climat, la culture et les pratiques organisationnelles y sont propices. Une telle conception donne à penser que la PME peut elle aussi favoriser l'émergence d'entrepreneurs ou d'intrapreneurs si son environnement est stimulant à cet égard. L'intrapreneur est susceptible de manifester ses compétences à l'intérieur d'une entreprise où le climat est favorable, indépendamment de la taille de cette dernière.

Le mythe du dirigeant comme acteur principal de l'innovation

On a trop facilement tendance à penser que l'entrepreneuriat et l'innovation dans les PME ne se réalisent que par les énergies et les compétences de leurs propriétaires-dirigeants. Pourtant, plusieurs indices laissent croire qu'il en va tout autrement dans bien des situations et que les changements à cet égard se produisent actuellement très rapidement. Le dirigeant d'aujourd'hui ne peut plus prétendre avoir toutes les compétences qui sont requises pour innover sur plusieurs fronts à la fois. Nombreux d'ailleurs sont ceux qui font preuve déjà d'une volonté concrète de favoriser l'intrapreneuriat dans leur entreprise, de façon à y intensifier l'innovation.

Ainsi, une étude de Chaussé[1] portant sur la gestion de l'innovation dans la PME fait ressortir que l'idée à la base des projets étudiés venait directement des employés et non pas du dirigeant, et ce dans plus de 13 % des cas. On peut se dire que ce n'est pas énorme et que les dirigeants sont encore à l'origine de la majorité des nouvelles idées. Mais il faut bien préciser qu'il s'agit ici de la formulation initiale de l'idée et que ce pourcentage ne tient pas compte du fait que bon nombre d'autres idées, venant cette fois des employés, en découlent directement. Mais ce qui est plus important à cet égard, c'est que les propriétaires-dirigeants comptent énormément sur la qualité de leur équipe de direction et de leurs ressources humaines pour concrétiser ces idées et devancer leurs concurrents. Et cela ne semble pas être que des mots, puisque pour 37 % des innovations analysées, les initiateurs et maîtres-d'œuvre du projet étaient des cadres ou des employés de l'entreprise.

Dans le même ordre d'idées, on peut rappeler un article de *Small Business Review*[2] qui présentait le profil des 50 petites entreprises canadiennes ayant eu le taux de croissance le plus élevé sur une période de cinq ans. Les plus performantes soulignaient la nécessité d'obtenir l'aide de leurs employés les plus dynamiques dans leur fonction entrepreneuriale.

Un des exemples les plus frappants est celui de Kita Industrial Controls Ltd, une petite entreprise de la Colombie-Britannique qui se classait au premier rang. En cinq ans, le nombre d'employés était passé de 2 à 15, tandis que le chiffre d'affaires initial de 8 029 $ en 1982 avait atteint 2 155 293 $ en 1987. La plupart des employés qui y travaillent sont des recrues de l'Institut de technologie de la Colombie-Britannique. Pour stimuler l'intrapreneuriat et la créativité, l'entreprise partage avec ses employés innovateurs 35 % des profits excédant 200 000 $, cette première tranche étant réservée aux jeunes propriétaires de l'entreprise. Selon ces derniers, il s'agit là d'une pratique intrapreneuriale rentable si l'on en juge par les résultats obtenus.

---

1. Chaussé, R., « Innovation technologique dans les PME : geste de gestionnaire ou d'entrepreneur », *Gestion. Revue Internationale de Gestion*, 13(3), septembre 1988, 77-81.

2. À ce sujet, voir « The Top 50 : Our fastest growing companies and how they did it », *Small Business Review*, février 1989.

L'intrapreneur: un allié précieux pour la croissance de la PME

Tout comme c'est le cas pour l'innovation, il ne faut pas croire que les propriétaires-dirigeants de PME sont toujours les meilleures personnes pour assurer la croissance de leur entreprise. Ainsi, lorsqu'il s'agit de s'interroger sur les possibilités de croissance, le propriétaire-dirigeant n'a pas toujours toute l'information nécessaire. Ses employés, qui sont généralement plus près que lui des clients, des fournisseurs et du marché, sont susceptibles, à cet égard, d'apporter des idées valables pour améliorer le produit ou les méthodes de production.

Pour illustrer cela, rappelons l'exemple d'une PME québécoise performante du secteur de la haute technologie. Selon le dirigeant de cette entreprise, la plupart des idées de nouveaux produits qui ont actuellement du succès sur le marché étaient venues des clients de l'entreprise. On pourrait penser alors que l'entreprise avait demandé à ses spécialistes en marketing ou en R & D d'aller étudier les besoins de ses clients. Mais tel n'est pas le cas, et c'est là que réside l'originalité de la stratégie du dirigeant pour connaître leurs attentes. En effet, il charge en fait les employés responsables de la réparation des appareils d'interroger les utilisateurs sur les problèmes les plus graves qu'ils rencontrent, que ce soit avec les appareils vendus par l'entreprise ou par des concurrents. Chaque technicien à la réparation se voit accorder tout le temps nécessaire pour ce faire et se voit confier la tâche d'assurer une « veille commerciale » fertile en retombées.

Mais les employés ne sont pas utiles seulement lorsqu'il s'agit de déceler des occasions de croissance. Ils peuvent être également des collaborateurs essentiels pour appliquer certaines stratégies de croissance particulières. Ainsi, le besoin de partenaires entrepreneuriaux risque d'être particulièrement crucial lorsque l'entreprise décide d'opter pour une stratégie de diversification. La diversification force l'entreprise à dépasser le simple élargissement de ses activités. Contrairement à la spécialisation, qui renforce un savoir-faire acquis, la diversification impose presque toujours l'appropriation d'un nouveau savoir-faire. Cela explique probablement en grande partie le haut niveau de risque généralement attribué à la diversification. Dans un tel contexte, le propriétaire-dirigeant aura tout avantage à faire appel aux services d'employés possédant un savoir-faire reconnu dans le champ visé par la diversification. Cette mesure devient essentielle dans les cas où le domaine de diversification envisagé par l'entrepreneur est complètement nouveau pour lui.

L'intrapreneur peut également être un allié dans d'autres straté-gies de croissance. Songeons d'abord au cas de la PME qui souhaite faire accepter son produit ou son service sur un tout nouveau marché, qu'elle connaît peu ou mal. Dans une telle situation, il y a fort à parier que les méthodes habituelles ne pourront pas être transposées ou sim-plement adaptées si l'on veut réussir à pénétrer ce marché. Un employé créatif et entreprenant qui le connaît bien, soit par ses origines parti-culières, ses relations, sa formation ou ses expériences antérieures, peut alors devenir un associé efficace pour trouver des manœuvres d'approche et de persuasion susceptibles de convaincre ces clients potentiels que l'entreprise connaît mal. Les exigences d'une telle col-laboration l'amèneront presque inévitablement à se comporter en entrepreneur, puisqu'il devra concevoir toute la stratégie nécessaire pour occuper ce nouveau créneau.

On peut également évoquer le cas de l'entreprise qui souhaite augmenter sa clientèle en lui proposant un produit ou un service complémentaire à celui qu'elle offre déjà. C'est le cas par exemple de l'entreprise qui vend des meubles et décide d'offrir un service de déco-ration personnalisé à ses clients ou de celle qui fait de l'aménagement de bureaux et souhaite offrir du même coup des services en matière d'équipement informatique. L'exemple de Sommex, une entreprise québécoise de la région de Trois-Rivières, est typique de ce genre d'orientation. Le propriétaire-dirigeant a permis à un jeune entrepre-neur d'installer sa propre petite entreprise à l'intérieur même des murs de Sommex pour y fabriquer des produits complémentaires à ceux que fabrique l'entreprise. Ce type de stratégie de croissance, qu'on appelle généralement intégration complémentaire, requiert généralement la collaboration étroite d'employés qui possèdent les compétences pro-fessionnelles requises pour ces activités complémentaires. L'intrapre-neur sera celui qui acceptera de se comporter en « développeur » motivé et entreprenant pour assurer le succès de la nouvelle activité. Dans ce type de situation, il peut même être plus approprié de songer à une forme d'essaimage. Par exemple, l'entreprise pourrait offrir à l'intrapreneur de participer à la propriété et à la création d'une nou-velle filiale qui serait responsable de la nouvelle activité. Une telle façon de faire intéresse encore davantage l'intrapreneur puisqu'il investit alors lui-même financièrement dans le projet.

La PME est un « incubateur potentiel » d'entrepreneurs

Dans la PME, les intrapreneurs sont susceptibles de reconnaître plus facilement et plus rapidement leur potentiel innovateur et entrepreneur, à cause de la proximité du modèle qui leur est fourni par le propriétaire-dirigeant de l'entreprise. Une recherche de Belley[3] portant sur les milieux incubateurs quant à l'entrepreneuriat fait ressortir l'importance cruciale de la présence de modèles en ce qui concerne l'apparition du comportement entrepreneurial.

Selon lui, l'importance de la présence de modèles s'appuie sur la théorie de l'apprentissage social. Cette théorie postule que les comportements humains sont d'abord appris par observation, à partir d'exemples ou de modèles, qui sont choisis parmi les individus avec lesquels les sujets sont régulièrement associés, tant par choix que par obligation. Il semble que l'on ait tendance à imiter plus facilement les personnes dont on admire les réussites ou dont on apprécie certaines caractéristiques particulières. Dans une PME, les employés ont l'avantage de côtoyer régulièrement le propriétaire-dirigeant de l'entreprise et d'apprécier ses réalisations. Bon nombre d'intrapreneurs potentiels qui admirent ce que fait leur dirigeant auront envie de suivre son exemple.

De façon plus générale, rappelons-nous que la PME en forte croissance a des besoins organisationnels fort différents de celle qui fait le choix d'en rester au stade artisanal : au fur et à mesure que la PME grandit, les compétences de son dirigeant doivent s'adapter. Ainsi, le rôle d'« homme-orchestre » souvent joué par le dirigeant lorsqu'il vient de créer son entreprise devient inefficace lorsque la taille de cette dernière croît. Il doit alors acquérir de plus en plus des compétences en gestion et être capable de s'éloigner graduellement des tâches pratiques. Pourtant, à certains stades, il peut devenir nécessaire de relancer l'entreprise. Tout porte à croire que des intrapreneurs peuvent alors être utiles, sinon essentiels, pour mettre en œuvre le changement nécessaire.

---

3. Belley, A., « Opportunités d'affaires : un objet négligé de la recherche sur la création d'entreprises », *Revue PMO*, 4(11), 1987, p. 24-33.

Figure 6.1

L'environnement intrapreneurial de la PME

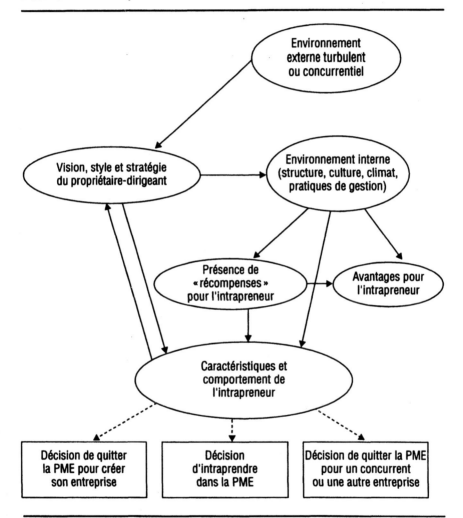

Note : Les lignes pointillées indiquent trois issues possibles selon la perception de l'intrapreneur des caractéristiques de l'environnement.

La perte d'un intrapreneur peut être fatale pour la PME.

Dans la préface de son ouvrage intitulé *Intraprendre*, Gifford Pinchot lance un avertissement percutant aux chefs d'entreprise :

> Si les bonnes idées n'arrivent pas jusqu'à vous, c'est parce qu'elles sont étouffées ou aseptisées avant de vous parvenir. Pire encore, si les bonnes idées des employés ne sont pas mises en œuvre, ces innovateurs potentiels sont probablement sur le point de vous quitter pour devenir des entrepreneurs, c'est-à-dire pour devenir, dans bien des cas, vos concurrents.

Effectivement, on peut constater que de nombreux entrepreneurs ont été des intrapreneurs insatisfaits ou au potentiel mal exploité, dans une entreprise qu'ils ont finalement quittée pour créer la leur. Dans plusieurs cas, ils sont allés exercer leur talent à proximité de l'entreprise qu'ils avaient abandonnée, lui amenant ainsi une concurrence accrue. D'autres intrapreneurs insatisfaits, mais moins bien nantis, pourront faire le choix, eux aussi, de quitter l'entreprise pour aller offrir leurs services à un compétiteur plus soucieux de les mettre à contribution. Dans les deux cas, l'entreprise qui est quittée par l'intrapreneur y perd.

Ces risques qu'on associe à la non-reconnaissance de l'intrapreneur concernent toutes les entreprises, quelle que soit leur taille. L'intrapreneur frustré voudra en effet fuir l'organisation qui entrave sa créativité. Les conséquences de ce genre de situations sont cependant beaucoup plus graves pour la PME que pour la grande entreprise. Cette dernière disposant généralement de ressources financières considérables, elle peut souvent supporter sans grand dommage immédiat[4] le départ d'un intrapreneur qui crée son entreprise. Mais il en va tout autrement pour la PME, qui possède des ressources plus limitées et dont les stratégies peuvent être plus facilement imitées par un ex-employé qui décide de la quitter pour lui faire concurrence.

Il s'agit là d'une situation qui peut aller jusqu'à mettre en péril la survie même d'une entreprise de petite taille. L'expérience vécue par la propriétaire d'un grand salon de coiffure de la région de Québec en témoigne. À la fin de ses études, elle a trouvé un emploi dans le salon

---

4. Le dommage dont nous parlons ici est d'ordre financier, mais il y a d'autres dommages plus subtils mais fort dangereux, qui sont trop fréquemment ignorés par la grande entreprise. À titre d'exemple, lorsqu'elle ignore les idées d'un innovateur, elle envoie du même coup le message au reste des employés qu'elle ne valorise pas l'initiative.

d'une chaîne de coiffure situé dans un centre commercial et a rapidement réussi à s'y faire une importante clientèle. Après plusieurs années de loyaux services, elle commence à démontrer un grand intérêt pour redonner un nouveau souffle au salon dans lequel elle travaille et où les propriétaires étaient généralement absents. Ses suggestions furent ignorées et ses initiatives blâmées par les propriétaires, qui voulaient la cantonner à ses tâches de coiffure. De plus en plus insatisfaite, elle commence à caresser le rêve de posséder un salon haut de gamme dans le même centre commercial. Malheureusement pour ses employeurs, ce rêve s'est réalisé et ils ont dû fermer boutique moins de deux ans après son départ. L'élève avait dépassé le maître. Cette histoire vécue illustre fort bien les graves dangers qui guettent la petite entreprise peu soucieuse d'exploiter les capacités entrepreneuriales de ses meilleurs employés.

6.2 LES SPÉCIFICITÉS DE L'INTRAPRENEURIAT DANS LE CONTEXTE DE LA PME

La PME est généralement décrite comme un environnement plus personnalisé que la grande entreprise, dans lequel les structures et les processus de gestion sont et doivent rester à la fois simples, souples et adaptatifs. C'est d'ailleurs là sa force première, dans un contexte où la production de masse perd du terrain et où le consommateur privilégie un produit personnalisé et différencié. Il importe également de souligner les particularités du mode de décision qui s'y exerce. Celui-ci est hautement centralisé autour de quelques figures dominantes, et la PME s'en trouve par conséquent plus à même de s'adapter rapidement aux changements qui se produisent dans son environnement.

Force est de conclure que la grande entreprise et la PME constituent deux univers fort différents l'un de l'autre sur les plans structurel et décisionnel. À la limite, leurs dynamiques de fonctionnement s'opposent. Conséquemment, il n'est guère étonnant de voir que la problématique de l'intrapreneuriat s'y inscrit à l'intérieur de paramètres qui sont, eux aussi, différents. Ces différences contribuent à mettre en relief les spécificités de l'intrapreneuriat dans la PME[5]. Elles sont plus explicitement présentées dans les lignes qui suivent.

---

5. Pour plus de détails à ce sujet, voir Carrier, C., « Intrapreneurship in large firms and SME's : A comparative study », *International Small Business Journal*, 12(3), avril-juin 1994, p. 54-62.

6.2.1 La PME est un milieu plus propice à l'innovation

L'examen de ces deux univers, dont l'un est plus structuré et l'autre plus dynamique et plus adaptatif, rend moins étonnant le fait que la PME soit souvent décrite comme beaucoup plus féconde en innovations que ne l'est la grande entreprise. Ceux qui ont lu le *Prix de l'excellence*, de Peters et Waterman, se souviendront qu'on y évoque des études établissant que les petites entreprises produisent quatre fois plus d'innovations par dollar d'investissement dans la R & D que les moyennes entreprises et vingt-quatre fois plus que les grandes. La même tendance semble observable aussi chez nous. En effet, une étude de la Fédération canadienne de l'entreprise indépendante[6] a révélé que plus du quart des petites entreprises interrogées avaient mis en œuvre avec succès des innovations majeures sur le plan des méthodes de production, de promotion et de distribution.

Mais bien au-delà de ces considérations quantitatives, il importe de remarquer que l'importance du rôle de la PME dans la production d'innovations ne provient pas surtout du fait qu'elle parvienne à produire autant, sinon plus dans certains cas, d'innovations que la grande entreprise. Elle vient plutôt de la capacité de la PME à le faire de façon plus efficiente, plus spontanée et plus intégratrice. Les propos de Michel Robert[7], qui a mis sur pied Electromed (une entreprise québecoise spécialisée dans la radiographie et qui fait 100 % de ses 12 millions de dollars de ventes à l'étranger) illustre bien ce fait. Selon ce dernier, les PME sont plus souples et s'adaptent rapidement aux transformations technologiques. Michel Robert va même jusqu'à affirmer que la PME met de deux à trois fois moins de temps et cinq fois moins d'argent qu'une grande entreprise pour mettre au point le même type d'innovation.

Dans la PME, l'innovation est une préoccupation répandue dans l'ensemble des unités de l'entreprise. On est plus près du client et plus soucieux d'action que d'analyse. On ne perd généralement pas de temps à planifier inutilement le développement d'un nouveau concept. On le teste, et on se réajuste rapidement. Conséquemment, il peut y avoir là beaucoup de travail pour des intrapreneurs intéressés à s'impliquer dans la fonction innovatrice de l'entreprise.

---

6. Thompson, P., « Small Business : Canada's engine of economic change and growth », *Compte rendu de la quatrième conférence canadienne*, Conseil international de la petite entreprise, Calgary, mai 1986, p. 91-101.

7. Ces propos sont tirés de M. Quinty, « 10 Québécoises autour du monde », *Revue Commerce*, mars 1993, p. 23-34.

Tableau 6.1

Spécificités de l'intrapreneuriat dans la PME

- La souplesse et la flexibilité des structures et des modes de gestion sont de nature à favoriser l'innovation.
- Le dépistage de l'intrapreneur est très facile. Son émergence dépend de la compatibilité du projet qu'il propose avec ceux de l'entrepreneur.
- La relation « intrapreneur-entrepreneur » a des chances de se développer plus harmonieusement que la relation « intrapreneur-gestionnaire ».
- L'anonymat de l'intrapreneur est rarement possible (alors que certains spécialistes disent qu'il est souhaitable dans la grande entreprise).
- L'intrapreneur est plus vulnérable et plus dépendant de son environnement immédiat.
- La promotion est une récompense jugée intéressante par l'intrapreneur.
- Des mécanismes de négociation personnalisés favorisent une meilleure adéquation entre les récompenses offertes et les attentes de l'intrapreneur.
- L'intrapreneuriat relève généralement d'une démarche stratégique progressive. dont la reconnaissance de l'intrapreneur constitue le déclencheur.
- C'est le propriétaire-dirigeant lui-même, plutôt que la culture ou la lourdeur des structures, qui peut constituer le principal frein à l'intrapreneuriat.
- Le départ d'un intrapreneur frustré peut constituer un danger grave pour la PME.

6.2.2 *Une logique de dépistage versus une logique d'appariement ou de convergence*

Quand on se préoccupe des intrapreneurs dans une organisation, on pense d'abord aux mécanismes et conditions qui vont lui permettre d'émerger. Dans la grande entreprise, souvent caractérisée par de lourdes structures dépersonnalisantes, le défi majeur à cet égard se situe dans le dépistage des intrapreneurs potentiels. En effet, ceux-ci risquent d'y être noyés dans la masse et il faut déployer beaucoup d'efforts pour parvenir à les identifier ou, mieux encore, à leur faciliter la tâche pour qu'ils puissent le faire eux-mêmes. L'émergence des intrapreneurs s'y situe donc forcément dans une problématique de repérage ou d'accessibilité, et donc dans une logique de dépistage.

Il en va tout autrement dans la PME, où l'intrapreneur potentiel est généralement assez vite identifié. Le propriétaire-dirigeant y connaît souvent la plupart des employés et, par conséquent, il repère très rapidement celui ou celle qui a le goût d'aller plus loin que les simples exigences de sa tâche, en innovant et en prenant des risques.

Il est donc inapproprié de parler ici de problématique de dépistage. L'intrapreneur se fait plutôt connaître lui-même, en faisant part de ses projets au propriétaire-dirigeant, avec qui il peut facilement entrer en relation.

Dans un tel contexte, l'émergence de l'intrapreneur ne dépend pas d'un dépistage bien planifié, mais se fait plutôt dans une logique d'appariement ou de convergence. En effet, pour que l'intrapreneur puisse jouer le rôle auquel il prétend, il faut généralement que son projet puisse facilement s'arrimer aux activités de la PME dans laquelle il travaille. Il faut que ses objectifs convergent avec ceux du propriétaire-dirigeant et que l'innovation proposée ait une certaine complémentarité avec le produit ou le service déjà offert par son entreprise. Cette complémentarité constitue même un facteur critique du succès de l'intrapreneuriat dans la PME.

Alors que dans la grande entreprise, les structures et les systèmes constituent les principaux obstacles à l'intrapreneuriat, c'est le propriétaire-dirigeant lui-même qui peut en devenir le principal frein ou, à l'inverse, le plus grand catalyseur. Le défi majeur réside alors dans sa capacité d'accepter une certaine forme de « co-vedettariat », en partageant avec un ou plusieurs de ses employés la « mise en scène » de son entreprise.

6.2.3 *Des mécanismes de négociation plus faciles entre le dirigeant et l'intrapreneur*

On observe une différence essentielle entre la dyade intrapreneur-gestionnaire typique de la grande entreprise et celle d'intrapreneur-entrepreneur qu'on trouve dans la PME. Il arrive fréquemment que le couplage intrapreneur-gestionnaire pose des problèmes dans la grande entreprise. Comme on l'a vu dans un chapitre précédent, les objectifs de ces derniers sont souvent différents, voire incompatibles. Le gestionnaire risque d'accorder plus d'importance à la stabilité et à l'efficacité qu'à l'innovation, d'être plus prudent face aux risques, et même parfois de se sentir menacé par l'apport important d'un simple employé de son unité. L'action de l'intrapreneur peut alors être sérieusement entravée par des difficultés relationnelles avec son supérieur. Les programmes intrapreneuriaux des grandes entreprises se développent la plupart du temps aux plus hauts niveaux de l'organisation. Cependant, dans la réalité quotidienne, ils sont gérés par des gestionnaires de niveau inférieur, dont les préoccupations se situent souvent ailleurs.

On constate heureusement que ce risque est peu fréquent dans la PME, où les employés ont plus facilement accès aux dirigeants, à quelque niveau qu'ils soient. Le couplage entrepreneur-intrapreneur semble d'emblée se réaliser de façon plus harmonieuse et plus naturelle, à condition cependant que les projets de l'intrapreneur s'inscrivent dans la vision stratégique qu'a le dirigeant de son entreprise. Dans la mesure où le dirigeant croit que les projets de l'intrapreneur sont de nature à l'aider à réaliser la mission qu'il s'est fixée, ou même à l'élargir si l'environnement interne et externe le permet, son association avec l'entrepreneur est plus facile.

Enfin, il faut bien admettre que l'entrepreneur et l'intrapreneur partagent généralement un certain nombre d'attitudes et de caractéristiques personnelles. Entre autres, on peut évoquer leur capacité de prendre des risques, de tolérer un certain degré d'ambiguïté, leur goût du défi et leur capacité de s'engager à long terme dans un projet qui leur tient à cœur. Cette communauté d'intérêts, de motivations et de caractéristiques, même utilisée positivement, ne garantit pas pour autant une entente inconditionnelle. Il n'en reste pas moins qu'elle est de nature à faciliter la compréhension et l'accueil de l'intrapreneur de la part du propriétaire-dirigeant.

6.2.4 *Le difficile anonymat de l'intrapreneur dans la PME*

Dans la grande entreprise, il semble que ce soit un avantage pour l'intrapreneur de pouvoir travailler dans l'anonymat le plus longtemps possible. L'anonymat lui permet d'éviter plusieurs inconvénients. Tout d'abord, il le met à l'abri, pour un certain temps du moins, des oppositions possibles à ses projets. On connaît tous la résistance au changement, qui est difficile à éviter quand on songe à modifier les façons traditionnelles de faire dans l'organisation. Même si les projets de l'intrapreneur sont favorables à l'entreprise, il se trouvera toujours des gens pour s'y opposer. Certains peuvent craindre un transfert de ressources au bénéfice de l'intrapreneur, et à leur détriment. D'autres craindront de voir diminuer leur pouvoir ou de subir des changements dans la nature ou l'étendue de leurs prérogatives. Il ne faut pas oublier qu'une trop grande visibilité de l'intrapreneur peut engendrer de la jalousie chez ceux qui ne possèdent pas les mêmes talents que lui, et qui par conséquent ne pourront bénéficier des privilèges et de la marge de manœuvre qui lui sont généralement accordés.

Dans la PME, cet anonymat de l'intrapreneur est très difficilement possible, car le travail de ce dernier est connu de la plupart des employés. Des collègues remarqueront généralement très rapidement des changements dans les tâches qu'il effectue ou dans les privilèges qui lui sont accordés par l'entreprise pour faciliter le succès de son projet. Un tel contexte rend l'intrapreneur beaucoup plus vulnérable aux oppositions ou aux critiques de la part de ses compagnons de travail. Par contre, il peut aussi bénéficier d'un appui beaucoup plus ferme de la direction de l'entreprise, qui aura alors intérêt à officialiser le plus rapidement possible la mission confiée à l'intrapreneur.

En fait, ce manque d'anonymat peut à la limite se transformer en avantage si les relations que l'intrapreneur a quotidiennement avec les autres sont faciles, amicales et de nature à favoriser la participation et la collaboration. La PME est un environnement où les ressources sont limitées. Il est donc plus que probable que l'intrapreneur y ait, à de multiples occasions, à solliciter une collaboration particulière et volontaire de certains employés pour assurer la réussite de son projet. La convivialité qui y prévaut peut alors devenir un atout pour lui, s'il a su établir une bonne communication avec ses collègues et les gestionnaires de l'entreprise.

6.2.5 Différences dans la valorisation et l'allocation des récompenses

Puisque l'intrapreneur prend généralement des risques que les autres employés ne sont pas prêts à prendre, il faut, comme nous l'avons vu précédemment, récompenser ses succès à la fois pour reconnaître sa contribution particulière et pour l'inciter à poursuivre ce type d'initiatives dans l'organisation. À la fois dans la grande entreprise et dans la PME, la reconnaissance symbolique ou financière, une plus grande liberté pour mettre en œuvre d'autres projets ainsi que l'attribution d'une certaine forme de capital peuvent constituer des récompenses stimulantes pour l'intrapreneur.

Dans le chapitre précédent, nous avons établi que la promotion, dans la grande entreprise, était contre-indiquée pour récompenser les intrapreneurs, peu intéressés par le pouvoir. Pourtant, les intrapreneurs interrogés dans une étude[8] réalisée dans des PME ont très nettement invalidé cette idée : selon eux, la promotion est une récompense qui peut répondre à leurs besoins.

---

8. À ce sujet, voir C. Carrier (1997).

Ils expliquent cette opinion par le fait que la promotion prend une signification particulière dans une PME par rapport à une grande entreprise. Ils considèrent les PME dans lesquelles ils travaillent comme des environnements où le cloisonnement entre les unités est peu important et dans lesquels les fonctions sont rarement surspécialisées. Dans une telle optique, une promotion peut constituer pour eux une possibilité d'élargir leur champ d'action, d'accroître leur autonomie et de se rapprocher sensiblement du dirigeant, avec qui ils souhaitent partager la fonction innovatrice dans l'entreprise.

De façon plus générale, il semble également que la nature des récompenses à offrir aux intrapreneurs soit plus facile à déterminer dans la PME que dans la grande entreprise. En effet, le contexte convivial de la PME permet généralement des négociations personnalisées entre les individus. Ces négociations personnalisées peuvent avantageusement remplacer les politiques d'ensemble que les grandes entreprises doivent élaborer à cet égard compte tenu de la masse d'employés qu'elles ont. Il semble également plus facile d'estimer l'apport du projet de l'intrapreneur en termes financiers dans la PME que dans la grande entreprise, où il s'agit d'une difficulté généralisée.

6.2.6 *L'intrapreneur de la PME est souvent un déclencheur*

Dans la grande entreprise soucieuse de développer l'intrapreneuriat, il faut faire preuve de beaucoup d'ingéniosité et de persistance pour déclencher l'action innovatrice de l'intrapreneur. C'est la situation qui crée et maintient en vie l'intrapreneur. La logique intrapreneuriale est généralement inverse dans la PME. C'est plutôt l'intrapreneur qui crée la situation et qui amène l'entreprise à profiter de son dynamisme ou de celui d'autres intrapreneurs.

En effet, la stratégie intrapreneuriale du propriétaire-dirigeant semble presque toujours précédée par la reconnaissance d'un intrapreneur dans son environnement immédiat. Cette stratégie intrapreneuriale se développe d'ailleurs généralement de façon progressive. Elle peut être vue comme le fruit d'une démarche exploratoire d'entente et d'ajustement mutuel. Dans un tel contexte, c'est la présence et la personnalité de l'intrapreneur qui constituent le déclencheur de cette démarche stratégique.

6.3 FACTEURS CRITIQUES DE SUCCÈS

Un des facteurs critiques du succès de l'intrapreneuriat dans la PME réside dans l'ouverture et l'attitude du propriétaire-dirigeant lui-même à cet égard. Celui qui joue encore le rôle d'homme-orchestre, qui veut s'occuper de tout lui-même et partage difficilement ses prérogatives de développeur de l'organisation, a peu de chances de voir des employés émerger comme intrapreneurs. Il en va de même de celui qui partage très peu sa vision de ce qu'il veut faire de l'entreprise avec ses employés et ses collaborateurs. Et que dire de celui qui pense qu'il est le seul capable de déterminer les directions et moyens à prendre pour maximiser la rentabilité de son entreprise? L'intrapreneur ne peut émerger que dans un environnement où on lui donne la permission et les conditions pour le faire.

Tableau 6.2
Facteurs critiques du succès de l'intrapreneuriat dans le contexte de la PME

- Ouverture du dirigeant.
- Confiance mutuelle des acteurs.
- Convergence des projets de l'intrapreneur avec ceux de l'entreprise.
- Philosophie organisationnelle commune.
- Complémentarité des compétences.
- Objectifs d'affaires communs.
- Possibilité de récompenses stimulantes pour l'intrapreneur.
- Disponibilité des ressources.

À cet égard, certains types de propriétaires-dirigeants sont susceptibles d'être d'emblée des partenaires plus favorables pour l'intrapreneur. Ainsi, celui qui a été lui-même un entrepreneur frustré dans une autre entreprise avant de créer la sienne, sera sans doute plus sensible aux attentes de l'intrapreneur potentiel qui sollicite son attention. Il sera probablement d'ailleurs plus conscient à la fois des opportunités qui lui sont offertes par ce dernier et des risques liés à son départ éventuel. Il en va de même pour le propriétaire-dirigeant de type opportuniste, qui vise avant tout la croissance de son entreprise. Il est généralement conscient qu'un environnement externe changeant et exigeant suppose forcément qu'il trouve des alliés pour y faire face.

Les propriétaires-dirigeants possédant une solide formation en gestion sont également susceptibles d'être plus ouverts à des collaborations intrapreneuriales. Conscients de la complexité croissante du monde des affaires et des exigences qu'entraîne une concurrence qui ne cesse de s'accroître, ils accueilleront généralement très favorablement les intrapreneurs qui savent leur faire valoir la contribution qu'ils peuvent apporter au développement de l'entreprise.

La confiance mutuelle entre les acteurs constitue un autre facteur critique du succès de l'intrapreneuriat dans la PME. Le propriétaire-dirigeant d'une PME y a investi ses propres avoirs financiers et est donc concerné de très près par les succès et les échecs qu'elle connaît. Il n'acceptera jamais la collaboration étroite d'individus en qui il n'a pas une très grande confiance. Lorsqu'il accepte de donner son aval aux projets d'un intrapreneur, c'est la crédibilité même de son entreprise et une certaine partie de ses investissements qui sont en jeu. L'intrapreneur a donc tout intérêt à acquérir une certaine crédibilité auprès de lui avant de lui faire part de son projet.

Ce dernier a cependant besoin, lui aussi, d'être en confiance pour se manifester et proposer ses idées au propriétaire de l'entreprise. À cet égard, ce qu'il aura pu observer dans les attitudes habituelles de son dirigeant sera crucial. Il faut qu'il sente que ce dernier est prêt à partager ses prérogatives et qu'il ne se sentira pas menacé par les projets qui lui sont soumis. Il y va de sa propre crédibilité, puisque le type d'accueil qui sera accordé à son projet pourra rarement demeurer secret dans un milieu aussi convivial que la PME.

Enfin, la complémentarité des compétences de l'intrapreneur avec celle du dirigeant est également un facteur critique de succès. Le dirigeant de PME acceptera généralement assez difficilement qu'un employé innovateur empiète sur son terrain en lui proposant un projet qu'il se sent capable de mener à bien lui-même. Il faut plutôt que celui-ci lui permette d'élargir le champ de ses propres compétences ou de celles de l'entreprise. Cette complémentarité peut prendre plusieurs formes. À titre d'exemples, l'intrapreneur pourrait proposer son expertise pour un nouveau marché dont il connaît bien les attentes, pour améliorer ses compétences grâce à un processus de production ou pour proposer un produit complémentaire à celui qui est déjà offert. Mais il pourra rarement voir accepter des projets qui risqueraient de modifier sensiblement la trajectoire de l'entreprise ou sa mission même.

6.4 L'INTRAPRENEUR : UN PARTENAIRE POTENTIEL

Il est possible, dans certaines situations, que le propriétaire-dirigeant encourage très activement les projets de l'intrapreneur, sans toutefois le garder nécessairement à l'intérieur de son organisation. Ainsi, il pourra décider d'aider l'intrapreneur à créer sa propre entreprise, tout en gardant avec lui des liens professionnels étroits et profitables. En effet, dans un contexte où la mondialisation augmente la férocité de la concurrence, de plus en plus d'entreprises décident de s'en tenir à ce qu'elles savent faire le mieux et confient certaines étapes de leur production ou de la prestation de leurs services à des associés sous-traitants. En fait, cette sous-traitance se traduit par une externalisation des opérations pour lesquelles l'entreprise estime que d'autres peuvent faire mieux qu'elle.

Une de nos entreprises québécoises les plus performantes, Bombardier, a décidé d'être le meilleur assembleur dans le secteur de la moto marine. Elle confie la production des sous-composantes à des sous-traitants et compte avoir créé, d'ici cinq ans, un réseau d'une centaine de PME partenaires avec qui elle entretiendra des relations privilégiées. Bombardier s'est engagée dans cette transformation sous la gouverne de la Chaire Bombardier et à partir du modèle proposé par le GREPME (Université du Québec à Trois-Rivières). Cette forme de partenariat est avant-gardiste, puisqu'il s'agira d'une relation à moyen ou long terme, alors que la sous-traitance traditionnelle prévoit des relations à court terme (généralement six mois) entre les partenaires.

Bombardier ne peut certes plus être considérée comme une PME. Cependant, l'expérience qu'elle mène peut servir de modèle à bon nombre de PME soucieuses de mieux exploiter leurs principales forces, en laissant à d'autres le soin de réaliser les opérations pour lesquelles elles ne peuvent prétendre à l'excellence. Et dans le cas où elles ont dans leurs rangs un intrapreneur dont la compétence complémentaire serait précieuse, elles peuvent décider de l'aider à créer sa propre entreprise, en lui garantissant un certain nombre de contrats en sous-traitance.

La prochaine section présente deux exemples de PME québécoises qui ont voulu améliorer leur compétitivité en s'entourant d'employés aux compétences complémentaires à la leur, tout en entretenant des relations privilégiées et soutenues avec ces derniers qui sont devenus des sous-traitants.

6.4.1 Un cas de «grappe industrielle»

Un récent numéro de *Québec Entreprise*[9] rapporte l'expérience pour le moins originale de Guy Lacasse, président du Groupe Lacasse, une entreprise qui se spécialise dans la fabrication de meubles. En 1976, M. Lacasse découvre que l'industrie européenne du meuble doit son succès à l'association des entreprises d'assemblage avec une foule de petits fournisseurs spécialisés dans la fabrication de certaines composantes. Il décide alors d'adopter cette stratégie. Mais son entreprise est à Saint-Pie de Bagot et aucun sous-traitant n'est installé assez à proximité pour éviter les délais et les coûts de transport prohibitifs.

M. Lacasse décide alors, en bon entrepreneur, de créer son propre parc industriel, où il aidera les sous-traitants dont il a besoin à s'installer. Pour ce faire, il n'hésite pas à attirer les sous-traitants à Saint-Pie de Bagot en leur offrant des conditions difficiles à refuser. À titre d'exemple, des contrats leur sont assurés dès le départ, une usine peut être fournie sur mesure, avec un loyer très raisonnable. L'entrepreneur va parfois même jusqu'à fournir des équipements ou à participer au financement de la nouvelle entreprise. Plusieurs des opérations sont confiées à des entrepreneurs en herbe. Il confie à ces derniers la production de sous-produits pour lesquels il juge le savoir-faire de sa propre entreprise inférieur. Ce faisant, il favorise l'entrepreneuriat, tout en se départissant d'activités peu profitables sans même avoir à effectuer de mises à pied. Guy Lacasse cultive les vocations d'entrepreneur comme d'autres s'adonnent à l'horticulture!

En 1994, le parc industriel de Guy Lacasse compte plus d'une trentaine d'entreprises. La plupart sont dans le secteur du meuble et sont des sous-traitants réguliers des Meubles Lacasse. On y trouve plus de 1 000 salariés, gravitant autour de l'entreprise incubatrice. La communauté rurale de Saint-Pie de Bagot peut vraiment jouir du plein-emploi grâce à cette initiative. Il faut même aller chercher des travailleurs dans d'autres municipalités de la région.

Voilà l'exemple concret d'un entrepreneur décidé à assurer son propre succès en entraînant avec lui de nouveaux entrepreneurs dans l'aventure. Chacun des membres du groupe participe à un jeu où n'il y a pas de perdants. Il n'y a que la victoire, à laquelle un nombre croissant d'entreprises seront invitées à participer, car le Groupe Lacasse

---

9. Gauthier, P., «Guy Lacasse meuble son parc industriel», *Québec Entreprise*, septembre 1994, p. 8-14.

compte poursuivre son expérience sur une plus large échelle. On ne peut que souhaiter que son exemple inspire d'autres entrepreneurs québécois et les entraîne dans le sillage de sa réussite.

GUY LACASSE MEUBLE SON PARC INDUSTRIEL

Guy Lacasse aime parler de son parc industriel comme de la « grappe industrielle de Saint-Pie de Bagot ». Ce n'est pas par vantardise. On y trouve non seulement des fournisseurs de composantes, mais aussi de services et de produits finis. Certains fabriquent les chaises qui accompagnent les bureaux de Lacasse, d'autres, les pièces métalliques et enfin, des sous-traitants spécialisés emballent ces produits.

Des manufacturiers d'équipement pour le meuble, des électriciens, des spécialistes de l'entretien et d'autres entreprises de service ont également pignon sur rue à Saint-Pie. En somme, presque toutes les cases d'une hypothétique grappe du meuble y sont représentées. La proximité géographique resserre les liens entre tous ces partenaires d'affaires.

Le parc industriel n'est pas réservé aux sous-traitants : d'autres maîtres d'œuvre dans le domaine du bois peuvent y profiter du réseau, comme le fait déjà Dutaillier.

(Le magazine *Québec Entreprise*, septembre 1994)

6.4.2 Un cas d'«union libre sous le même toit»

Une entreprise manufacturière québécoise s'est engagée dans une forme d'intrapreneuriat particulière fort intéressante. Cet intrapreneuriat se rapproche grandement de l'essaimage[10] puisqu'un propriétaire-dirigeant de PME y est amené à aider un de ses employés à créer son entreprise et, comme on le verra, à l'installer au cœur même de sa propre entreprise. Il s'agit là d'une association originale. Elle se situe en effet à la frontière entre l'entrepreneuriat et l'intrapreneuriat, per-

---

10. L'essaimage peut être défini comme la création d'une entreprise par un salarié avec le soutien de l'entreprise pour laquelle il travaillait.

mettant à une nouvelle entreprise de naître, tout en assurant un nouvel élan à une PME qui existe déjà. Cette expérience sera décrite et commentée dans les lignes qui suivent. Il importe cependant de préciser que les noms sont fictifs.

En 1985, Louis Leclerc et son beau-frère travaillent tous les deux pour une entreprise de la région de Drummondville qui fabrique des bicyclettes. Louis Leclerc se voit alors comme un intrapreneur insatisfait, car à titre de directeur du marketing, il arrive difficilement à faire accepter ses idées sur les nouveaux marchés et produits. Il décide alors de quitter l'entreprise pour en fonder une dans le même secteur d'activités. Dans cette aventure, il s'associe avec son beau-frère ainsi qu'avec son beau-père qui, lui, agit surtout comme investisseur. Velobec installe alors ses pénates dans la région de Plessisville, et nos entrepreneurs entraînent avec eux une dizaine des meilleurs employés de l'entreprise qu'ils quittent.

De 1985 à 1987, l'entreprise connaît une expansion rapide et passe d'une douzaine à une quarantaine d'employés. Très vite, elle dépasse les performances prévues au départ et on décide de fabriquer des vélos haut de gamme. Pour ce faire, certaines pièces doivent être usinées et adaptées au vélo semi-fini, ce qui requiert un savoir-faire particulier. Pour cet usinage, les entrepreneurs font appel aux services de René Falardeau, qui a déjà possédé un atelier d'usinage mais qui a fait faillite il y a peu.

René Falardeau vient travailler dans l'entreprise sur demande, au début un jour ou deux par semaine. L'usinage donne un produit extrêmement performant et dont la qualité en fait augmenter la demande bien au-delà des prévisions de Velobec. Durant la même période, René Falardeau acquiert une petite entreprise qui vend des bicyclettes au détail et offre un service de réparation.

En 1988, la demande de vélos haut de gamme exigeant un usinage sophistiqué est telle qu'il faut prendre une décision. On examine alors la possibilité d'embaucher René Falardeau à temps plein, ainsi que d'autres employés qu'il aurait la tâche de former. Mais on envisage également d'autres solutions. Celle qui est finalement adoptée est d'offrir à René Falardeau de créer sa propre entreprise, pour devenir un sous-traitant privilégié de Velobec. Falardeau doit pour cela acquérir une machine à contrôle numérique, qui lui permettra de suivre l'évolution à la hausse de la demande. Il accepte de relever le défi et fait l'acquisition, en Californie, de l'équipement à contrôle numérique en question, y investissant plus de 70 000 $US.

En septembre 1988, l'entreprise Usinage Falardeau Inc. est officiellement créée. En collaboration avec Velobec, la nouvelle machine est alors installée au cœur même de l'usine, ce qui évitera d'avoir à transporter les vélos pour l'usinage des pièces. Fait étonnant, les deux entreprises ne sont liées par aucun contrat. Toutes les ententes entre les protagonistes sont verbales et informelles. On se trouve en fait devant une nouvelle petite entreprise, qui a son identité propre mais vit sous le même toit que son unique client.

Depuis plusieurs années déjà, ces deux entreprises cohabitent en union libre avec une sérénité qui surprend tout le monde. Plusieurs pensaient au départ que les employés de Velobec contesteraient cette association particulière, craignant que ce type de sous-traitance ne s'étende à d'autres activités. Les dirigeants de Velobec craignaient également que certains employés soient jaloux du statut particulier offert à Falardeau dans l'entreprise. Il semble pourtant qu'aucun problème de ce genre ne se soit produit.

Velobec a poursuivi son expansion : elle vend maintenant ses produits à travers tout le Canada et occupe à plein temps plus de 70 personnes. Quant à Usinage Falardeau, l'entreprise compte actuellement trois employés et peut profiter, au besoin, des services d'un employé de Velobec formé par René Falardeau.

Motivations de l'entrepreneur et de l'intrapreneur

On peut se demander à bon droit quels sont les motifs qui ont poussé ces personnes à adopter un mode associatif aussi original. Pour expliquer la naissance de leur association particulière, le propriétaire de Velobec et Falardeau la décrivent comme la rencontre heureuse du hasard et de la nécessité. Évoquant leur proximité, le type de relation qu'ils avaient établie et la connaissance qu'ils avaient de leur personnalité respective, ils affirment que leurs besoins convergents les ont amenés dans cette voie. Leur association n'est pas le fruit d'une stratégie longuement murie et analysée. Ce sont les circonstances qui ont favorisé cette étroite collaboration.

Pour Louis Leclerc, le propriétaire de Velobec, la perception qu'il avait de la personnalité entrepreneuriale de son employé a été cruciale. Il était conscient que ce dernier possédait une compétence rare pour le type d'usinage complexe requis, qui ajoutait une plus-value à son produit. Parallèlement à cela, il était persuadé que celui-ci accepterait difficilement de rester longtemps un employé de l'entreprise. L'offre d'association est donc apparue rapidement comme une évidence. Elle évitait également à Velobec d'avoir à former du personnel pour cette tâche.

En ce qui concerne l'entrepreneur, René Falardeau, il a confirmé la perception qu'on avait eue de lui dans l'entreprise. Sa personnalité et ses expériences antérieures d'entrepreneur faisaient qu'il n'attendait qu'une situation financière plus solide ou une occasion pour se remettre à son compte. Il a affirmé d'ailleurs qu'il ne serait en effet, à aucun prix, resté un simple employé de l'entreprise très longtemps.

Les avantages et inconvénients d'une telle expérience

Le tableau 6.3 présente la liste des avantages et des inconvénients de ce type d'association. Au chapitre des avantages, Louis Leclerc et René Falardeau ont d'abord fortement insisté sur la complémentarité des compétences et la synergie que leur association leur procure. Quotidiennement, ils discutent de leurs problèmes respectifs ainsi que de ceux qui les concernent plus individuellement. Louis Leclerc peut alors profiter de la compétence technique de René Falardeau. Quant à ce dernier, il affirme apprécier grandement la disponibilité de Louis Leclerc pour le conseiller sur les questions administratives. Certains avantages sont plus appréciés du dirigeant et d'autres, de l'intrapreneur.

En ce qui concerne le propriétaire de Velobec, il apprécie particulièrement le fait que Falardeau assume l'entière responsabilité d'une opération complexe, pour laquelle sa propre entreprise ne possède pas tout le savoir-faire voulu. Auparavant, il devait assumer le coût élevé des composantes du produit sur lesquelles l'usinage présentait certaines anomalies. C'est Usinage Falardeau qui assume maintenant tous les risques de pertes liés à des défauts d'usinage.

Le fait que l'excellence de l'usinage effectué sur le produit en ait augmenté fortement la demande constitue aussi un avantage appréciable pour Velobec. Cela apporte une plus-value précieuse au produit de l'entreprise. Il ne faut pas oublier non plus le fait que l'entreprise de Falardeau est installée au cœur même de l'usine de Velobec. Cela assure une production plus rapide et une meilleure coordination des différentes étapes de la production. Du même coup, les risques de dommages durant le transport s'en trouvent éliminés, ce qui permet également une économie certaine (il n'y a aucuns frais de transport à assumer).

Tableau 6.3

Avantages et inconvénients d'une expérience d'essaimage

1. Perception du propriétaire-dirigeant

Avantages	Inconvénients
– complémentarité des compétences, et synergie	– AUCUN
– totale responsabilité de l'intrapreneur pour une opération complexe	
– augmentation de la demande due à la plus-value apportée au produit par le savoir-faire de l'intrapreneur	
– possibilité pour l'entreprise de concentrer ses énergies sur ses points forts	
– économie (temps et argent)	
– allégement du fardeau financier	
– élimination des risques de dommages ou de retards liés au transport	

2. Perception de l'intrapreneur

Avantages	Inconvénients
– synergie professionnelle	– AUCUN
– assurance d'avoir un client unique et stable	
– possibilité de se concentrer dans son domaine de compétence	
– association à la croissance de l'entreprise incubatrice	
– processus de gestion facilité	
– investissement financier réduit au minimum	
– accès aux ressources techniques et professionnelles de l'entreprise	
– gestion des ressources humaines	

Enfin, le dirigeant de Velobec a fait largement valoir l'importance de l'allégement financier conséquent à son association avec Usinage Falardeau. En effet, au moment où le pacte fut définitivement conclu entre les parties, Velobec avait déjà investi près de 2 millions de dollars dans son expansion, alors qu'on avait initialement prévu un déboursé total de 300 000 $ pour les projets de croissance entrepris. L'association établie avec Falardeau a donc dégagé l'entreprise de responsabilités financières importantes. C'est ce dernier qui a assumé tous les coûts de l'équipement de pointe nécessaire.

René Falardeau y trouve pour sa part d'autres types d'avantages. Un des plus importants réside pour lui dans l'assurance d'avoir un client unique et stable. Cela lui évite de perdre un temps précieux à chercher des clients, d'autant plus qu'il avoue lui-même que là n'est pas sa force. Il n'a pas à s'inquiéter, puisque Velobec est en croissance et qu'il en profite forcément en étant dans sa foulée.

Il évoque également le fait que toute la gestion se trouve pour lui grandement facilitée du fait de son installation dans l'usine de son ex-employeur. Cela a réduit de beaucoup les investissements nécessaires à la création de son entreprise, puisque le seul actif à acquérir fut l'équipement à contrôle numérique. Il n'avait nullement à se soucier de l'achat ou de la location d'un local d'affaires adapté à ses besoins. Les tracasseries administratives quotidiennes s'en trouvent également réduites au minimum : l'entreprise de Falardeau ne paie ni loyer, ni frais d'électricité ou autres à Velobec ; les coûts qu'elle impose à cette dernière tiennent plutôt compte des avantages matériels et financiers qu'elle retire de l'association.

Enfin, René Falardeau considère comme un avantage le fait que Velobec lui fournisse assez régulièrement un de ses propres employés au besoin. Cela lui permet de parer à des absences imprévues, de lui-même ou de ses employés, sans avoir à recruter plus de personnel. Cela s'avère aussi très utile lorsqu'il faut réagir rapidement à des fluctuations à la hausse de la demande. Il a d'ailleurs formé lui-même deux employés de Velobec au type d'usinage qu'il pratique. La gestion des ressources humaines s'en trouve grandement simplifiée. Velobec prête le ou les employés sur demande et lui facture chaque mois les salaires.

Au chapitre des inconvénients, il est intéressant de voir que ni Louis Lemieux ni René Falardeau ne sont parvenus à en trouver un seul. Il arrive bien sûr que certaines divergences de vues les opposent dans la gestion quotidienne de leurs activités respectives. Mais aucune de ces divergences ne peut être attribuée à la forme particulière de leur partenariat. Bien au contraire, le modèle qu'ils ont choisi leur semble idéal et répond à leurs attentes.

6.5 L'ESSAIMAGE :
UNE VOIE À EXPLORER POUR LA PME

L'essaimage peut être défini de façon très générale comme la création d'une entreprise par un ou plusieurs salariés avec l'aide de l'employeur. Le cas de Velobec, présenté dans la section qui précède, constitue un bon exemple de ce type d'entrepreneuriat où un employeur parraine et encourage un de ses employés dans la création de sa propre entreprise. Il s'agit certainement d'une formule encore peu répandue dans le monde des PME. Cependant, il est étonnant de constater que dans le cadre de l'étude sur l'intrapreneuriat menée dans les PME, ce type d'essaimage a été mentionné comme envisageable et même souhaitable par d'autres propriétaires-dirigeants et intrapreneurs.

Dans un autre cas, par exemple, un propriétaire-dirigeant a affirmé sa conviction qu'une PME idéale devait être une somme d'entités autonomes, fonctionnant en étroite interdépendance pour atteindre des objectifs d'affaires communs. Un autre propriétaire-dirigeant, qui exploite une entreprise se spécialisant dans la vente et l'installation de mobilier de bureau, a fait part de son projet d'introduire l'équipement informatique dans sa gamme de produits et de services. Il avait déjà tenté, sans succès, l'expérience. Il affirme avoir appris de cette aventure. Selon lui, pour assurer le succès d'une telle initiative, il faut qu'elle soit menée de façon entrepreneuriale, par un individu audacieux et déterminé. Pour réussir sa percée dans ce secteur, il a donc l'intention de créer une nouvelle filiale et d'offrir à un employé d'en devenir propriétaire à 50 %, ainsi que d'en assurer la mise sur pied et la gestion. Tout comme dans le cas de Velobec, la nouvelle filiale pourrait être située au sein même de l'entreprise existante.

Dans une autre situation, c'est un intrapreneur plutôt qu'un dirigeant qui a spontanément fait part de son rêve de vivre une expérience comme celle de René Falardeau, même s'il n'en avait jamais eu vent. Chef de section dans une entreprise de fabrication dans le secteur du meuble, il a réalisé qu'une machine italienne assez coûteuse permettrait d'exécuter des tâches de perçage de bois complexes mieux et plus efficacement que ne le permettait l'équipement actuel. Il en a informé les propriétaires de l'entreprise, qui ne peuvent malheureusement pas, à court ou moyen terme, envisager financièrement un tel achat. L'intrapreneur serait intéressé à acquérir lui-même cette machine et à l'installer chez son employeur, dont il pourrait devenir un sous-traitant privilégié.

Tous ces témoignages portent à croire que l'essaimage, associé à une certaine forme de cohabitation, pourrait permettre à plusieurs entrepreneurs et intrapreneurs de profiter de leurs compétences mutuelles et d'augmenter ensemble la capacité financière et la compétitivité de leur entreprise. Pour la PME en croissance, cette forme d'intrapreneuriat constitue un modèle original et prometteur. Comme on l'a vu, elle permet aux parties de mettre toutes leurs énergies dans leurs domaines d'excellence et de réduire la complexité de leurs activités respectives. Elle favorise également un certain partage des charges financières liées au changement envisagé, en même temps qu'elle diminue le risque de chacun des partenaires.

En bref, cette forme particulière d'intrapreneuriat permet à la PME d'accroître son savoir-faire dans ses domaines d'excellence, tout en laissant à d'autres le soin d'assumer les risques associés à l'acquisition d'une expertise supplémentaire du point de vue du marché. Cela ne peut cependant se faire qu'avec des individus entreprenants et créatifs, qui n'ont pas peur de laisser de côté le « one man show » traditionnel pour expérimenter de nouveaux modes organisationnels fondés sur la confiance et la collaboration.

6.6 CONCLUSION

La PME est-elle un incubateur ou un « excubateur » d'intrapreneurs ? La réponse à cette question ne peut venir que de son propriétaire-dirigeant, car il y est maître à bord. À première vue, la PME peut certainement apparaître comme un incubateur potentiel d'intrapreneurs, étant donné sa simplicité structurelle et la convivialité qui y a cours. Pourtant, comme on l'a vu, la convergence des buts et des motivations du dirigeant et de l'intrapreneur ne s'en trouve pas pour autant acquise. Il appartient donc au dirigeant de travailler à la création d'un milieu de travail qui incite des « complices » intrapreneurs à y rester pour l'accompagner dans ses projets. L'intrapreneur, c'est de l'« or gris » dont il faut se soucier, car il sera toujours rempli d'idées pour s'occuper lui-même de s'assurer un futur plus propice à son épanouissement s'il est insatisfait par son contexte professionnel actuel.

Conclusion

La créativité, l'innovation et l'intrapreneuriat sont difficilement dissociables. C'est pourquoi nous avons d'abord présenté, dans une première partie, les caractéristiques de la créativité individuelle et organisationnelle de même que les facteurs qui la freinent et ceux qui au contraire la stimulent. Si l'on ne devait retenir qu'une chose de cette partie, c'est le fait que chaque personne, quel que soit son sexe, son âge ou son niveau d'éducation, porte en elle le germe de la créativité. La créativité est d'abord affaire de volonté, d'énergie, de confiance en soi et d'entraînement à penser « autrement ».

La deuxième partie de l'ouvrage a voulu mettre l'accent sur tout ce qui entoure les applications rentables de la créativité, en l'occurrence l'intrapreneuriat, qui amène des employés à se comporter comme des entrepreneurs au service de l'entreprise qui les emploie. Partant d'abord de considérations plus générales sur le phénomène, il a été largement démontré qu'il est tout aussi important pour la PME que pour la grande entreprise. Cependant, la grande et la petite entreprise ont des caractéristiques différentes, qui génèrent donc des contraintes et des occasions tout aussi différentes quant au développement de l'intrapreneuriat. C'est pourquoi nous avons traité de la problématique intrapreneuriale dans ces deux univers dans deux chapitres distincts.

Mais qu'on évolue à l'intérieur d'une grande ou d'une petite entreprise, les mots d'ordre intrapreneuriaux restent fondamentalement les mêmes : liberté d'action, autonomie, allocation de ressources suffisantes, foi en l'être humain comme source de créativité, valorisation de l'innovation et récompenses à ceux et celles qui sortent des sentiers battus.

Le lecteur arrive donc au terme de ce voyage au royaume de la créativité et de l'innovation qui lui était proposé. Mais ce n'est qu'une étape. Bien sûr, on a pu voir quels sont les freins, les occasions et les balises qui marquent le parcours d'une entreprise qui décide de créer et d'innover. On a parlé de ces pèlerins enthousiastes que sont les intrapreneurs, qui accompagnent le dirigeant d'entreprise dans ce périple, et exploré différents itinéraires et moyens d'action possibles pour trouver de nouveaux parcours. Enfin, on a vu que le chemin vers une entreprise novatrice ne peut se parcourir que dans un climat propice et à travers une remise en question des parcours antérieurs.

Le plus important reste à faire... On a souvent le réflexe, après la lecture d'un ouvrage, de le ranger aussitôt dans la bibliothèque, parce que le quotidien est rempli d'urgences qui, pourtant, ne sont pas toujours vraiment importantes. On trouve de multiples ouvrages qui prétendent enseigner « comment devenir un leader » ou « comment réussir en affaires ». Et malgré cela, notre société manque toujours de leaders et d'entrepreneurs. Il est si facile de refermer un livre sur un « oui, mais... », de se dire que tout cela est bien beau mais que ce n'est pas pour nous.

On peut penser que le lecteur d'un ouvrage comme celui qui se termine ne fait sans doute pas partie de cette catégorie, puisque la créativité et l'intrapreneuriat l'intéressent. Quel est donc le chemin qui sera suivi ? Songera-t-on à de nouveaux produits, à de nouveaux services, à de nouveaux procédés ou à de nouveaux modes organisationnels ? Quel que soit l'objectif qui sera poursuivi, la recette miracle pour innover n'existe pas. Chaque dirigeant doit établir sa propre carte pour le voyage. Elle le guidera dans le choix des moyens qui sont déjà à sa portée et dans la façon d'en acquérir de nouveaux.

Il est difficile de conclure véritablement un ouvrage comme celui-ci, car la créativité et l'innovation tolèrent mal le mot « fin ». Ils nous portent plutôt vers de nouveaux départs et de nouveaux parcours qui ne nous permettent jamais de dire que nous avons enfin touché le but. Innover, créer et entreprendre ne sont pas des destinations, mais des moyens de transport qui nous font avancer dans la voie de la performance et du renouvellement.

Bibliographie

AMABILE, T.M. et S.S. GRYSKIEWICZ (1987), *Creativity in the R&D Laboratory*, Technical Report no. 30, Greensboro, N.C. : Center for Creative Leadership.

AMABILE, T. (1988), « A model of creativity and innovation in organizations », *Research in Organizational Behavior*, vol. 10, JAI Press Inc., 123-167.

ANDERSON, J.V. (1993), « Mind mapping : A tool for creative thinking », *Business Horizons*, vol. 36, 41-46.

ARCHIER, G. et H. SÉRIEYX (1984), *L'entreprise du 3ᵉ type*, Paris : Les Éditions du Seuil.

BARKER, J. (1985), *Discovering the Future*, USA : ILI Press.

BELLEY, A. (1987), « Opportunités d'affaires : un objet négligé de la recherche sur la création d'entreprises », *Revue PMO*, 4(11), 24-33.

BRENNER, G.A. et R. BRENNER (1988), « Intrapreneurship - Le nouveau nom d'un vieux phénomène », *Gestion. Revue Internationale de Gestion*, HEC, 13(3), septembre, 19-23.

BURGELMAN, R.A. et SAYLES, L. (1987), *Les intrapreneurs : stratégie, structure et gestion de l'innovation dans l'entreprise*, Paris : McGraw-Hill.

BUSSE, T. et R. MANSFIELD (1980), « Theories of the creative process : A review and a perspective », *Journal of Creative Behavior*, 91-103.

BUZAN, Tony (1984), *Une tête bien faite*, Paris : Les Éditions d'Organisation.

CALLON, M. (1994), « L'innovation technologique et ses mythes », *Gérer et Comprendre*, n° 34, mars, 5-17.

CARRIER, C. (à paraître en 1997), « Intrapreneurship in SME's : an exploratory study », *Entrepreneurship, Theory and Practice*.

CARRIER, C. (1995), « Innovation et programmes d'amélioration fondés sur les suggestions des employés : une étude exploratoire », *Actes de la 4ᵉ Conférence internationale de management stratégique*, Paris, Éditeur : Association internationale de management stratégique, mai.

CARRIER, C. (1994), « Intrapreneurship in large firms and SME's : A comparative study », *International Small Business Journal*, 12(3), avril-juin, 54-62.

CARRIER, C. (1993), « Stratégies intrapreneuriales dans les petites entreprises », *Revue Française de Gestion*, n° 95, septembre-octobre, 96-103.

CARRIER, C. (1992), *L'Intrapreneurship dans la PME : une étude exploratoire du phénomène à partir des représentations des principaux acteurs concernés*, Thèse de doctorat en sciences de la gestion, Université de Montpellier, France, juillet.

CARRIER, C. (1991), « Intrapreneurship et PME », *Gestion. Revue Internationale de Gestion*, HEC, 16(4), novembre, 20-27.

CHAUSSÉ, R. (1988), « Innovation technologique dans les PME : geste de gestionnaire ou d'entrepreneur », *Gestion. Revue Internationale de Gestion*, 13(3), septembre, 77-81.

CONNELL, D. (1987), « Bridging the gap between academic researchers and industry », *Industrial Management & Data Systems*, MCB University Press, janvier-février, 19-24.

CROZIER, M. (1989), *L'entreprise à l'écoute*, Paris : Inter Éditions.

D'AMBOISE, G. (1989), « Pour des intrapreneurs entreprenants », *Actes du Colloque de la Fondation de l'entrepreneurship*, Montréal : Fondation de l'Entrepreneurship, janvier.

DE BONO, E. (1985), *Réfléchir mieux*, Paris : Les Éditions d'Organisation.

DE BRABANDERE, L. et A. MIKOLAJCZAK (1994), *Le plaisir des idées*, Paris : Dunod.

DEMORY, B. (1990), *Créativité ? Créativité... Créativité !*, Montréal : Les Éditions Agence d'Arc inc.

DRUCKER, P. (1985), *Les entrepreneurs*, Paris : L'Expansion/Hachette.

ELLIS, J. (1985), « Starting a small business inside a big one », *Money*, 14(6), juin, 85-90.

FILION, L.J. (1989), « L'intrapreneur : un visionnant », *Revue P.M.O.*, 5(1), automne.

FINCH, P. (1985), « Intrapreneurism : new hope for new business », *Business Marketing*, 70(7), juillet, 32-40.

FLOOD, R.L. (1992), « Entrepreneurship, intrapreneurship and innovativeness », *Entrepreneurship, Innovation, and Change*, 1(1), 13-25.

GAGNON, C. (1994), « L'éclair de génie... », *Revue Plan* (le mensuel du Génie québécois), 31(9), novembre, 12-16.

GALLUPE, R.B. et W.H. COOPER (1993), « Brainstorming electronically », *Sloan Management Review*, printemps, 27-36.

GASSE, Y. et C. CARRIER (1992), *Gérer la croissance de sa PME*, Montréal : Les Éditions de l'Entrepreneur.

GASSE, Y. (1989), « Le culte de l'intrapreneurship », *Administration hospitalière et sociale*, 35(3), septembre-octobre, 4-12.

GAUTHIER, P. (1994), « Guy Lacasse meuble son parc industriel », *Québec Entreprise*, septembre, 8-14.

GENEEN, H. (1985), « Why intrapreneurship doesn't work », *Venture*, 7(1), janvier, 46-52.

GROUPE INNOVATION (1993), *L'organisation du XXIe siècle*, Sainte-Foy : Presses de l'Université du Québec.

GUNDRY, L., C.W. PRATHER et J.R. KICKUL (1994), « Building the creative organization », *Organizational Dynamics*, printemps, 22-37.

GUNSCH, D. (1991), « Awards programs at work », *Personnel Journal*, 70(90), septembre, 85-89.

HENDERSON, R. (1994), « Managing innovation in the information age », *Harvard Business Review*, janvier-février, 100-105.

HERRMANN, N. (1992), *Les dominances cérébrales et la créativité*, Paris : Retz.

HOBBS, B. et R. POUPART (1988), « L'organisation entrepreneuriale : est-ce possible ? », *Gestion. Revue Internationale de Gestion*, Montréal : HEC, septembre, 40-46.

KANTER, R.M. (1983), *The Change Masters*, (s.l.) Basic Books.

KNIGHT, R. (1987), « Corporate innovation and entrepreneurship : A canadian study », *Journal of Product Innovation Management*, 4(4), 284-297.

KOENIG, G. (1989), « Intrapreneurship », *Encyclopédie Française de Gestion*, tome 2, 1599-1614.

LANGLOIS, J.P. (1988), « L'intrapreneurship : un concept jeune », *Numéro spécial du CDE*, L'esprit sauvage de l'intrapreneurship, 2(3), septembre.

LEE, C. et ZEMKE, R. (1985), « Intrapreneuring : new-age fieldoms for big business », *Training*, 22(2), février, 27-49.

LESSEM, R. (1987), *Intrapreneurship. How to Be an Enterprising Individual in a Successfull Business*, Aldershot, U.K. : Wildwood House.

LUCHSINGER, V. et BAGBY, D.R. (1987), « Entrepreneurship and intrapreneurship : Behaviors, comparisons and constrasts », *Sam Advanced Management Journal*, 52, été, 10-13.

MACRAE, N. (1976), « The coming entrepreneurial revolution : A survey », *The Economist*, décembre.

MANNE, H.G. (1966), dans *Insider Trading and the Stock Market*, New York : Free Press.

MANSFIELD, E. (1968), *Industrial Research and Technological Innovation*, Norton : W.W.

MARSHALL, A. (1919), *Industry and Trade*, Londres : MacMillan.

MARCHESNAY, M. et P.A. JULIEN (1990), « The small business as a transaction space », *Entrepreneurship and Regional Development*, vol. 2.

MCCLELLAND, D.C. (1961), *The Achieving Society*, Princeton, N.J.: Van Nostrand Co., 205-251.

MORGAN, G. (1989), *Creative Organization Theory*, California: Sage.

OSBORN, A.F. (1988), *Créativité : l'imagination constructive*, Paris: Dunod.

PETERS, T. et R. WATERMAN (1983), *Le prix de l'excellence*, Paris: Inter Éditions.

PIATIER, A. (1984), « L'innovation galvaudée, méconnue et convoitée », *Autrement*, Les Héros de l'économie, n° 59, avril, 13-20.

PINCHOT, G. (1987), « Innovation through intrapreneuring », *Research Management*, 30(2), mars-avril, 14-19.

PINCHOT, G. (1985), *Intrapreneuring*, New York: Harper & Row Publishers.

PITCHER, P. (1995), *Artistes, artisans et technocrates dans nos organisations*, Montréal: Presses HEC.

QUINTY, M. (1993), « 10 Québécoises autour du monde », *Revue Commerce*, mars, 23-34.

RARICK, C. (1987), « Self-determination : The new management paradigm », *Sam Advanced Management Journal*, 52(3), été, 47-50.

ROSS, J.E. et UNWALLA, D. (1986), « Who is an intrapreneur? » *Personnel*, décembre, 45-69.

ROY, M. (1978), « Processus de la créativité », *Canadian Journal of Education*, 3(1), 61-74.

SCHUMAAN, P.A. (1982), *Creativity : Key to the Future*, Austin, Austin Technical Symposium, juin.

SCHWENK, C.R. (1984), « Cognitive simplification processes in strategic decision-making », *Strategic Management Journal*, vol. 5, 111-128.

SIMON, H. (1987), « Making management decisions : The role of intuition and emotion », *Academy of Management Executive*, février, 57-64.

SWEENEY, G.P. (1982), *Les nouveaux entrepreneurs : petites entreprises innovatrices*, Paris: Les Éditions d'Organisation.

THOM, N. (1990), « Innovation management in small and medium-sized firms », *Management International Review*, 30(2), 181-192.

THOMPSON, P. (1986), « Small Business : Canada's engine of economic change and growth », *Compte rendu de la quatrième conférence canadienne*, Conseil international de la petite entreprise, Calgary, mai, p. 91-101.

TIMBAL-DUCLAUX, L. (1990), *Stratégie de créativité dans l'entreprise*, Paris: Retz.

VON OECH, R. (1986), *Créatif de choc ! Innovez pour gagner !*, Paris: Presses Pocket.

ZAHRA, S.A. et J.A. PEARCE II (1994), « Corporate entrepreneurship in smaller firms : The role of environment, strategy and organization », *Entrepreneurship, Innovation, and Change*, 3(1), 31-44.